격몽요결(擊蒙要訣)

이이의 격몽요결(擊蒙要訣)

초판 1판 1쇄 인쇄 2015년 11월 11일
초판 1판 1쇄 발행 2015년 11월 21일

지은이 이이
편저자 이창성
펴낸이 이환호
펴낸곳 나무의꿈

등록번호 제 10-1812호
주 소 서울시 마포구 잔다리로 77 대창빌딩 402호
전 화 02)332-4037 **팩 스** 02)332-4031

ISBN 978-89-91168-49-7 03150

격몽요결(擊蒙要訣)

이이(李珥) 지음 / 이창성 편

나무의 꿈

격몽요결(擊蒙要訣) ︱ 차례

머리말

〈격몽요결(擊蒙要訣)〉은 율곡 이이(栗谷, 李珥 1536~1584) 선생이 42세 때인 선조 10년(1577) 관직을 떠나 해주에 있을 때 지은 책으로, 처음 글을 배우는 아동의 입문 교재로 쓰기 위해 지은 것이다.

이이는 조선 중기의 학자이자 정치가로, 23세 때 별시에서 장원을 한 후 벼슬길에 올라 47세 때 이조판서에 임명되었다. 이이의 성리학 사상은 근대에 이르기까지 커다란 영향을 미쳤다. 저서로는 〈격몽요결〉 외에 〈성학집요〉, 〈기자실기〉, 〈만언봉사〉 등이 있다.

〈격몽요결〉은 율곡이 직접 쓴 친필 원본으로, 한지에 행서체로 단아하게 썼으며, 내용은 제1장 입지(立志)에서부터 제10장 처세(處世)까지 10개 항목으로 나누어 구성하여 서술하였다. 〈격몽요결〉은 조선 중기 이후 일반에게 널리 보급되어 〈동몽선습〉과 함께 초학자의 입문서로 근세에까지 많이 읽혀져 왔다.

지은이 이율곡이 벼슬을 그만두고 파주 율곡리로 낙향하여 이후 한동안 관직에 부임하지 않고 본가가 있는 파주의 율곡과 처가가 있는 해주의 석담(石潭)을 오가며 교육과 교화 사업에 종사하면서 지은 책이다. 정치가로서의 지은이가 교육자로의 면모를 보임과 동시에 지은이의 교육사상이 적절하게 잘 나타나있다.

지은이는 젊은 시절 금강산에서 불교를 공부하다가 하산한 이후, 평생을 유교적, 좀 더 정확히 말하자면 주자학적인 관점에서 세상을 보았다. 〈격몽요결〉 또한 마찬가지여서 그의 교육사상은 유교적인 인재 양성과 충효를 근간에 두고 있다. 그러므로 이 책을 성리학적 계몽서라고 해도 크게 틀리지 않을 것이다.

그러면 지은이가 이 책에서 말하고자 하는 유교적인 교육관에 대해서 살펴보도록 하자.

〈격몽요결〉의 구성은 앞머리에 저자의 서문이 있고, 10개의 장으로 이루어졌으며, 각 장마다 여러 항목이 나열되어 있다. 학문이란 특별한 것이 아니라 인간이 인간답게 살아가기 위하여 일상생활을 마땅하게 해나가는 것일 따름이라는 입장에서 저술되었다. 물론 이때의 일상생활은 아버지는 자애롭고, 자식은 효성스러워야 하며, 신하는 충성되고, 부부는 유별해야 하고, 형제간에는 우애가 있고, 어린 자는 나이가 많은 자를 공경해야 하고, 붕우(朋友)된 자는 신의가 있어야 한다는 유교이념을 구현하는 것이었다. 그 방법은 글을 읽어 이치를 연구하여[讀書窮理] 마땅히 행하여야 할 길을 밝힌 다음에, 깊은 경지로 들어가 올바름을 얻고 밟아 실천하여 지나치거나 모자람이 없는 중도(中道)에 도달하는 것이라고 하였다. 따라서 이 책의 목적은 학도에게 뜻을 세우고 몸을 삼가며 부모를 무시고 남을 대하는 방법을 가르쳐, 바로 마음을 닦고 도를 향하는 기초를 세우도록 노력하게 만든다는 데 있으며, 동시에 저자로서도 스스로를 경계하고 반성하는 자료로 삼고자 하였다.

〈격몽요결〉은 여러 차례 목판본이나 활자본으로 출간되어 왔으나, 유일한 친필본은 율곡의 이모가 시집간 권 씨 집안에 율곡의 유품과 함께 대대로 소장되어 왔으며, 이것은 율곡이 친히 쓴 친필원본으로 그 가치가 크다고 평가되어 보물 제 602호로 지정되었다.

조선 전기를 이끌어온 훈구파가 남을 다스리는 데 필요한 문물과 제도에 우선적인 관심을 가지고 있었던 데 비하여, 16세기 이후의 사림은 종래의 학문이 시가와 문장[詞章]을 중시하고 근본이 되는 경학(經學)과 이학(理學)을 소홀히 하여 학자들이 학문의 방향을 알지 못했다고 비판하면서 먼저 자신을 수양[修己]하여야 한다는 측면을 강조하였다. 중종때의 사림이 어린이에게 일상생활을 가르치기 위한 〈소학〉에 성리학의 요체가 모두 갖추어져 있다고 하면서 그 책을 대대적으로 보급하고 깊이 연구하기 시작한 것은 학문의 방법과 내용을 일신하여 그들 중심의 사회질서를 새로 수립하기 위해서였다. 그리하여 〈소학〉 외에도 〈동몽수지(童蒙須知)〉를 비롯한 여러 아동 교육서가 번역되고 널리 보급되었으며, 나아가 박세무(朴世茂)의 〈동몽선습〉이나 유희춘(柳希春)의 〈속몽

十(續蒙求)〉와 같은 교육서들이 직접 편찬되었다.

이이는 성리학을 체질화한 사림파가 정권을 잡고 그들의 이념을 국정 전반에 본격적으로 적용해 나가던 선조 초년의 정치와 사상을 주도하던 인물로서, 이 책도 단순히 아동을 교육하기 위한 개인저술이 아니라 학문을 통해 사림파의 이념을 사회 저변에 확산하기 위한 근본적인 노력의 일환이었으며, 초기 사림 이래의 〈소학〉에 대한 관심과 연구가 결실을 맺은 저술이다. 1635년 이이를 문묘에 종사할 것을 건의한 유생들이 이 책을 〈성학집요〉와 함께 그의 대표적인 저술로 꼽고 학자 일반의 일상생활에 극히 절실한 책이라고 높인 것은 위와 같은 까닭에서였다.

정조(正祖) 때에 이 책을 임금이 친히 열람하고 제사(題辭)를 지어, 문신(文臣) 이병모(李秉模)에게 명하여 이를 책머리에 붙였다. 앞머리에 저자의 서문이 있고, 10개 장으로 구성되었으며, 각 장마다 여러 항목이 나열되어 있다. 학문이란 특별한 것이 아니라 인간이 인간답게 살아가기 위하여 일상생활을 마땅하게 해나가는 것일 따름이라는 입장에서 저술되었다. 물론, 이 때의 일상생활은 아버지는 자애롭고, 자식은 효성스러워야 하며, 신하는 충성되고, 부부는 유별해야 하고, 형제간에는 우애가 있고, 어린 자는 나이가 많은 자를 공경해야 하고, 붕우(朋友)된 자는 신의가 있어야 한다는 유교이념을 구현하는 것이었다. 그 방법은 글을 읽어 이치를 연구하여[讀書窮理] 마땅히 행하여야 할 길을 밝힌 다음에, 깊은 경지로 들어가 올바름을 얻고 밟아 실천하여 지나치거나 모자람이 없는 중도(中道)에 도달하는 것이라고 하였다. 따라서 이 책의 목적은 학도에게 뜻을 세우고 몸을 삼가며 부모를 모시고 남을 대하는 방법을 가르쳐, 바로 마음을 닦고 도를 향하는 기초를 세우도록 노력하게 만든다는 데 있으며, 동시에 저자로서도 스스로를 경계하고 반성하는 자료로 삼고자 하였다.

이이는 성리학을 체질화한 사림파가 정권을 잡고 그들의 이념을 국정 전반에 본격적으로 적용해 나가던 선조 초년의 정치와 사상을 주도하던 인물로서, 이 책도 단순히 아동을 교육하기 위한 개인저술이 아니라 학문을 통해 사림파의 이념을 사회 저변에 확산하기 위한 근본적인 노력의 일환이었으며, 초기 사림 이래의 〈소학〉에 대한 관심과 연구가 결실을 맺은 저술이다. 1635년 이이를 문묘에 종사할 것을 건의한 유생들이 이 책을 〈성학집요〉와 함께 그의 대표적인 저술로 꼽고 학자 일반의 일상생활에 극히 절실한 책이라고 높인 것은 위와 같은 까닭에서였다.

앞머리에 저자의 서문이 있고, 10개 장으로 구성되었으며, 각 장마다 여러 항목이 나열되어 있다. 학문이란 특별한 것이 아니라 인간이 인간답게 살아가기 위하여 일상생활을 마땅하게 해나가는 것일 따름이라는 입장에서 저술되었다. 물론, 이때의 일상생활은 아버지는 자애롭고, 자식은 효성스러워야 하며, 신하는 충성되고, 부부는 유별해야 하고, 형제간에는 우애가 있고, 어린 자는 나이가 많은 자를 공경해야 하고, 붕우(朋友)된 자는 신의가 있어야 한다는 유교이념을 구현하는 것이었다. 그 방법은 글을 읽어 이치를 연구하여[讀書窮理] 마땅히 행하여야 할 길을 밝힌 다음에, 깊은 경지로 들어가 올바름을 얻고 밟아 실천하여 지나치거나 모자람이 없는 중도(中道)에 도달하는 것이라고 하였다. 따라서 이 책의 목적은 학도에게 뜻을 세우고 몸을 삼가며 부모를 모시고 남을 대하는 방법을 가르쳐, 바로 마음을 닦고 도를 향하는 기초를 세우도록 노력하게 만든다는 데 있으며, 동시에 저자로서도 스스로를 경계하고 반성하는 자료로 삼고자 하였다.

제1장 입지(立志)에서는 학문에 뜻을 둔 모든 사람이 성인(聖人)이 되기를 목표로 하여 물러서지 말고 나아가라고 하였으며, 제2장 혁구습(革舊習)에서는 학문 성취를 향해 용감히 나아가기 위해 '마음과 뜻을 게을리하여 겉으로 드러나는 것만을 모방할 뿐 안일한 것을 생각하고 얽매임에 깊이 물들어 있는 것' 등 구체적 조항 8개를 떨쳐버려야 한다고 하였다.

제3장 지신(持身)에서는 충신(忠信) 등 몸을 지키는 방도를 제시하여 뜻을 어지럽히지 말고 학문의 기초를 마련하도록

하였다. 제4장 독서는 독서가 도에 들어가기 위한 궁리의 전제가 되며, 단정한 자세로 깊이 정독할 것을 가르치고 독서의 순서를 제시하였다. 즉 먼저 〈소학〉을 읽어 부모·형·임·어른·스승·친우와의 도리를, 〈대학〉과 〈대학혹문(大學惑問)〉을 읽어 이치를 탐구하고 마음을 바로 하며 자기를 수양하고 남을 다스리는 도를, 〈논어〉를 읽어 인(仁)을 구하여 자기를 위하고 본원(本源)이 되는 것을 함양할 것을, 〈맹자〉를 읽어 의(義)와 이익을 밝게 분별하여 인욕(人慾)을 막고 천리(天理)를 보존할 것을, 〈중용〉을 읽어 성정(性情)의 덕이 미루어 극진하게 하는 공력과 바른 자리에 길러내는 오묘함을, 〈시경〉을 읽어 성정의 그릇됨과 올바름 및 선악에 대한 드러냄과 경계함을, 〈예경〉을 읽어 하늘의 도를 이치에 따라 적절하게 드러내는 것과 사람이 지켜야 할 법칙의 정해진 제도를, 〈서경〉을 읽어 중국 고대의 요순과 우왕·탕왕·문왕이 천하를 다스린 큰 줄기와 법을, 〈역경〉을 읽어 길흉·존망·진퇴·소장(消長)의 조짐을, 〈춘추〉를 읽어 성인이 선(善)을 상주고 악을 벌하며 어떤 것은 누르고 어떤 것은 높여 뜻대로 다루는 글과 뜻을 체득하여 실천하라고 하였다.

위 책들을 반복 숙독한 다음에 〈근사록(近思錄)〉, 〈가례(家禮)〉, 〈이정전서(二程全書)〉, 〈주자대전(朱子大全)〉, 〈주자어류(朱子語類)〉와 기타 성리설을 읽어 의리를 몸에 익히고, 여력이 있으면 역사서를 읽어 식견을 키우되 이단과 잡류의 책은 읽지 못하게 하였다. 여기서 성립된 목서 순서와 방법은 조선의 사림파가 그들의 사상체계를 세워 유교의 모든 경전과 성리서를 조망하게 되었음을 보여주는 학문적 성과이다.

제5장 사친(事親)에는 평상시의 부모 섬기기를 비롯하여 부모의 뜻이 의리에 어긋날 때 자식이 부드럽게 아뢰어 뜻을 바꾸게 하라는 것 등의 내용이, 제6장 상제(喪祭)와 제7장 제례(祭禮)에는 그것들을 주희의 〈가례〉에 따라서 할 것과 반드시 사당을 갖추라는 내용 등이 실려 있다.

제8장 거가(居家)에는 부부간의 예를 비롯하여 집안을 다스리고 가산을 관리하는 방법이, 제9장 접인(接人)에는 사회생활을 하는 데 필요한 기본적인 교양이, 제10장 처세(處世)에는 과거를 거쳐 벼슬생활을 하는 데 필요한 자세가 실려 있다.

이러한 구성과 내용은 학문에 뜻을 두는 것으로부터 시작하여 자기 몸을 바로 세우고 사회에 나가 활동하도록 하는 성리학의 근본이념을 일상생활에 구체적으로 적용한 것이다. 자연과 사회를 파악하는 데 이기철학이 바탕이 되며, 부모 자식 간의 효가 사회질서의 근본이념을 이루고, 향촌 지주로서의 경제적 기반을 바탕으로 한 사족(士族)들이 사회를 주도하던 조선시대에는 가장 기본적인 교과서였다. 그러나 사회 운영의 철학과 질서가 크게 바뀐 현대에는 그 내용들을 그대로 학문과 사회생활에 적용하기 어렵다.

이 친필본인 〈이이수필격몽요결〉은 보물 제602호로 지정
되었다.

격몽요결서(擊蒙要訣序)

人生斯世　非學問　無以爲人　所謂學問者　亦非異常
인생사세　비학문　무이위인　소위학문자　역비이상

別件物事也　只是爲父當慈　爲子當孝　爲臣當忠　爲
별건물사야　지시위부당자　위자당효　위신당충　위

夫婦當別　爲兄弟當友　爲小子當敬長　爲朋友當有信
부부당별　위형제당우　위소자당경장　위붕우당유신

皆於日用動靜之間　隨事各得其當而已　非馳心玄妙
개어일용동정지간　수사각득기당이이　비치심현묘

希覬奇效者也　但不學之人　心之茅塞　識見茫昧　故
희기기효자야　단불학지인　심지모색　식견망매　고

必須讀書窮理　以明當行之路　然後　造詣得正而踐履
필수독서궁리　이명당행지로　연후　조예득정이천리

得中矣　今人　不知學問　在於日用而妄意高遠難行
득중의　금인　부지학문　재어일용이망의고원난행

故　推與別人　自安暴棄　豈不可哀也哉　余　定居海
고　추여별인　자안포기　기불가애야재　여　정거해

山之陽　有一二學徒　相從問學　余懃無以爲師　而
산지양　유일이학도　상종문학　여참무이위사　이

且恐初學　不知向方　且無堅固之志　而泛泛請益　則
차공초학　부지향방　차무견고지지　이범범청익　즉

彼此無補　反貽人譏　故　略書一冊子　粗書立心飭躬
피차무보　반이인기　고　약서일책자　조서입심칙궁

奉親接物之方　名曰　擊蒙要訣　欲使學徒　觀此　洗
봉친접물지방　명왈　격몽요결　욕사학도　관차　세

心立脚　當日下功　而余亦久患因循　欲以自警省焉丁
심 입 각　당 일 하 공　이 여 역 구 환 인 순　욕 이 자 경 성 언 정
丑季冬　德水李珥　書
축 계 동　덕 수 이 이　서

　사람이 이 세상을 살아가는 데에는 학문이 아니면 사람다운
사람이 될 수가 없다. 소위 학문이라는 것은 또한 특별히 이상
하거나 별다른 물건이 아니다.

　다만 이것은 아버지로서 마땅히 자식을 사랑하고, 자식으로
서 마땅히 부모에게 효도하고, 신하로서는 마땅히 임금에게 충
성하고, 부부는 마땅히 분별이 있어야 하고, 형제는 마땅히 우
애가 있어야 하고, 젊은이는 마땅히 어른을 공경해야 하고, 친
구는 마땅히 믿음이 있어야 한다는 것이다.

　이것은 모두 날마다 하는 기거동작(起居動作)에서 일에 따라
각기 그 마땅함을 얻을 따름이니, 마음이 신묘(神妙)한 데로 끌
리어서 신통한 효과를 분수에 맞지 않게 바라지 말아야 할 것
이다.

　한갓 배우지 않은 사람은 마음이 사욕(私慾)에 막히고 학식과
견문이 분명하지 않다. 그러므로 반드시 책을 읽고 이치를 궁
구해서 이로써 마땅히 행해야 할 길을 밝혀야 한다. 그러한 후
에야 학문의 바름을 얻어 깊은 경지에 다다르고 실천하는 것이
중용(中庸)을 얻는 것이다.

그러나 요즘 사람들은 학문이 일상생활에 사용됨에 있음을 알지 못하고, 높고 멀어서 행하기에 어려운 것이라 생각한다.

그러므로 학문하는 것을 딴 사람에게 미루고 스스로 포기하며 태연하니, 어찌 애석하다 아니 하겠는가. 내가 해주(海州) 산남(山南)에서 거처를 정하고 있었을 때, 한두 사람의 학도(學徒)가 늘 따라와 학문에 관하여 물었으나, 나는 그들의 스승이 될 수 없음을 부끄럽게 여기고, 또 처음 학문하는 사람이라 향방을 알지 못하고, 또 굳은 뜻이 없어서 데면데면하여, 한층 자세히 가르쳐 주기를 청하면 피차에 도움이 되지 않아서 도리어 남의 비방을 살 것도 두려웠다.

그래서 간략하게 한 권의 책을 써서 뜻을 세우고, 몸을 삼가고, 부모를 봉양하고, 사물을 대하는 방법을 대강 서술하여 책 이름을 격몽요결이라 하고, 학생들로 하여금 이것을 보고 마음을 씻고 자리를 잡아서, 그날부터 공부를 하도록 하며, 나 또한 오랜 구습을 버리지 못함을 걱정하여 이것으로써 스스로 경계하고 반성하고자 한다.

정축년 섣달 덕수 이이가 쓴다.

[訓讀]

*慈 : 사랑할 자. *馳 : 달릴 치. *覬 : 바랄 기. *茅 : 띠 모. *塞 : 막힐 색. *茫 : 아득할 망. *昧 : 새벽 매. *踐 : 밟을 천. *妄 : 허망할 망. *推 : 옮을 추. *慙 : 부끄러울 참. *泛 : 뜰 범. *貽 :

끼질 이. †譏 : 나무랄 기. †略 : 다스릴 략. †飭 : 삼갈 칙. †躬 : 몸
궁. *珥 : 귀고리 이.

[語釋]

*격몽(擊蒙) : 몽매한 아동의 지혜를 계몽함. *요결(要訣) : 긴요한 뜻.
*이상별건물사(異常別件物事) : 이상하여 특별한 조건의 물건과
일. *동정(動靜) : 기거동작(起居動作). *현묘(玄妙) : 심오한 이치.
*기효(奇效) : 신기한 효험. *심지(心地) : 마음. 마음의 본바탕. *모
색(茅塞) : 마음이 사욕에 막힘. *망매(茫昧) : 분명하지 아니함. 어
둠. *조예득정(造詣得正) : 학문이나 기술의 바름을 얻어 깊은 경지
에 다다름. *천리득중(踐履得中) : 행함이 중용을 얻음. *망의(妄意)
: 허망한 뜻. *자안포기(自安暴棄) : 스스로 편안해서 자포자기함.
*범범(泛泛) : 물위에 뜬 모양. *청익(請益) : 한층 상세히 가르쳐 주
기를 청함. *반이인기(反貽人譏) : 도리어 남에게 비난을 끼침. *조
서(粗敍) : 대강 서술함. *궁(躬) : 몸 궁, 몸소 행하다. *칙궁(飭躬)
: 조신함. 삼감. *세심(洗心) : 마음을 깨끗하게 함. *입각(立脚) : 근
거로 삼아 그 처지에 섬. *인순(因循) : 무기력하여 고식적임. 구습
에 따라 행함. *자경(自警) : 스스로 경계하여 조심함.

[大意]

　사람이 살아가는 데에 학문이 필요한 이유를 서술하고, 이
책을 쓰게 된 배경에 대해 설명했다.

사람이 세상을 살아가는 네 있어서 학문을 배워야 올바른 사람이 될 수 있다. 그런데 여기에 말하는 학문이란 절대로 별다르거나 이상한 것이 아니다.

학문이란 무엇인가? 이것은 아버지가 그 아들을 사랑하고, 자식은 부모에게 효도하며, 신하는 임금에게 충성하고, 부부 사이에 분별이 있으며, 형제 사이에 우애가 있고, 젊은 사람은 어른에게 공손해야 하며, 친구 사이에는 믿음이 있어야 한다는 것 등을 말한다. 이런 일들을 날마다 실천하면서 바른 도리를 얻어야 할 것이고, 쓸데없이 마음을 엉뚱한 곳에 두고 신통한 효과가 나타나기를 바라면 안 된다.

학문을 하지 않은 사람은 마음이 막히고 소견이 어둡기 마련이다. 따라서 사람은 반드시 글을 읽고 이치를 연구해서 자기 자신이 마땅히 해야 할 것을 밝혀야 한다. 그러면 이루어지는 것이 정당해지고 행동도 바르게 된다. 그러나 요즘 사람들은 이렇게 사람들이 날마다 실천하는 데에 학문이 있음을 알지 못하고, 보통 사람으로서는 행하지 못하는 일이라고 생각한다.

그래서 학문을 자기는 하지 못한다고 남에게 맡겨 버리고 자신은 스스로 그것을 만족하게 여기니 어찌 슬픈 일이 아니겠는가?

한두 사람의 학생들이 찾아와서 내게 가르침을 청했지만, 나는 그들의 스승이 되지 못함을 부끄럽게 여겼고, 또 처음 배우는 사람들이 갈피를 잡지 못하고 그저 아무렇게나 이것저것 묻다 보면 피차 별로 도움도 되지 못하고, 도리어 남들의 조롱만 받지 않을까 생각되었다.

이에 간략하나마 책을 한 권 써서, 스스로 마음을 다잡아 실천하며, 부모를 섬기고, 남을 대하는 방법 등을 적어서 〈격몽요결〉이라고 했다. 배우는 사람들이 이것을 보며 마음을 닦고 뜻을 세워 꾸준히 공부하도록 하며, 나 역시 오랫동안 망설이던 관습을 스스로 살펴서 반성하고자 한다.

1. 입지장(立志章)

初學 先修立志 必以聖人 自期 不可有一毫自小退
초학 선수입지 필이성인 자기 불가유일호자소퇴

託之念 蓋衆人與聖人 其本性則一也 雖氣質 不能
탁지념 개중인여성인 기본성즉일야 수기질 불능

無淸濁粹駁之異 而苟能眞知實踐 去其舊染而復其
무청탁수박지이 이구능진지실천 거기구염이복기

性初 則不增毫末而萬善 具足矣 衆人 豈可不以聖
성초 즉부증호말이만선 구족의 중인 기가불이성

人 自期乎 故 孟子 道性善 而必稱堯舜 以實之曰
인 자기호 고 맹자 도성선 이필칭요순 이실지왈

人皆可以爲堯舜 豈欺我哉 當常自奮發曰 人性 本善
인개가이위요순 기기아재 당상자분발왈 인성 본선

無古今智愚之殊 聖人 何故 獨爲聖人 我則何故
무고금지우지수 성인 하고 독위성인 아즉하고

獨爲衆人也 良有志不立 知不明 行不篤耳 志之立
독위중인야 양유지불입 지불명 행불독이 지지입

知之明 行之篤 皆在我耳 豈可他求哉 顔淵 曰
지지명 행지독 개재아이 기가타구재 안연 왈

舜 何人也 予 何人也 有爲者 亦若是 我亦當以顔
순 하인야 여 하인야 유위자 역약시 아역당이안

之希舜 爲法 人之容貌 不可變醜爲姸 膂力 不可
지희순 위법 인지용모 불가변추위연 여력 불가

變弱爲强 身體 不可變短爲長 此則已定之分 不可
변약위강 신체 불가변단위장 차즉이정지분 불가

改也　惟有心志則可以變愚爲智　變不肖爲賢　此則心
개야　유유심지즉가이변우위지　변불초위현　차즉심

之虛靈　不拘於稟受故也　莫美於智　莫貴於賢　何苦
지허령　불구어품수고야　막미어지　막귀어현　하고

而不爲賢智　以虧損天所賦之本性乎　人存此志　堅固
이불위현지　이휴손천소부지본성호　인존차지　견고

不退　則庶幾乎道矣　凡人　自謂立志而不卽用功　遲
불퇴　즉서기호도의　범인　자위입지이부즉용공　지

回等待者　名爲立志　而實無向學之誠故也　苟使吾志
회등대자　명위입지　이실무향학지성고야　구사오지

誠在於學　則爲仁由己　欲之則至　何求於人　何待於
성재어학　즉위인유기　욕지즉지　하구어인　하대어

後哉　所貴乎立志者　卽下工夫　猶恐不及　念念不退
후재　소귀호입지자　즉하공부　유공불급　염념불퇴

故也　如或志不誠篤　因循度日　則窮年沒世　豈有所成
고야　여혹지불성독　인순도일　즉궁년몰세　기유소성

就哉
취재

　처음에 배우는 데는 우선 뜻을 세워야 하니, 반드시 성인(聖人)으로써 스스로를 기약하고, 조금이라도 자신을 작게 여기거나 중도에서 물러설 생각 같은 것은 갖지 말아야 한다.

　대개 평범한 사람이나 성인은 모두 그 본성은 같은 것이니, 비록 기질이 맑고 흐리고 순수하고 혼탁한 차이는 있을지라도,

시실로 참뇌게 알고 실전할 수 있어서 그 낡은 습염(習染)을 버리고 타고난 본성으로 돌아간다면, 조금이나마 보태지 않아도 모든 착함을 갖추어 넉넉할 것이니, 평범한 사람이라도 어찌 성인이 되기를 스스로 기약하지 않겠는가? 그래서 맹자는 인성(人性)은 착한 것이라 말하며 언제나 요(堯)임금과 순(舜)임금을 일컬음으로써 그것을 실증하여 말했고, 사람은 다 요순처럼 될 수 있다고 했으니, 어찌 우리를 속이는 말이겠는가?

항상 스스로 분발하여 마땅히 말하기를, "사람의 본성은 본디 착해서 옛날이나 지금이나 지혜롭거나 어리석음의 차이가 없는 것이니, 성인은 무슨 까닭으로 홀로 성인이 되고, 나는 무슨 까닭으로 홀로 평범한 사람이 되었는가? 진실로 뜻을 세우지 못하며 아는 것이 분명치 못하며 행실이 독실하지 못한 데 있는 것뿐인데, 뜻을 세우는 것과 아는 것을 분명히 하는 것과 행실이 독실한 것은 모두 자신에게 달려있다. 어찌 남에게서 구하겠는가?"했다.

안연(顏淵)이 말하기를, 순(舜)임금은 어떤 사람이며, 나는 어떤 사람인가? 노력하는 사람은 또한 그와 같을 것이라고 했으니, 스스로가 마땅히 안연이 순임금처럼 되기를 바라는 것을 본보기를 삼을 것이다.

사람의 용모는 미운 것을 고쳐서 예쁘게 할 수 없고, 체력이 약한 것을 강하게 고칠 수 없으며, 신체는 짧은 것을 고쳐서 길게 할 수 없는 것이니, 이것은 곧 이미 성해진 분수(分數)라 고칠 수 없고, 오직 마음만은 어리석음을 고쳐서 슬기롭게 하며 불초(不肖)한 것을 고쳐서 어질게 할 수 있는 것이니, 이것은 곧 마음의 허령(虛靈)이 타고난 분수에 구애되지 않기 때문이다.

지혜보다 아름다운 것은 없으며 어진 것보다 귀한 것이 없는데, 무엇이 괴로워서 어질고 지혜롭게 되려 하지 않고 하늘에서 부여받은 본성을 해치려 하는가? 사람들이 이런 뜻을 가지고서 굳게 물러서지 않는다면 도(道)에 거의 가까워질 것이다.

대체로 스스로 뜻을 세웠다고 말하면서도 즉시 공부를 하려고도 하지 않고, 머뭇거리면서 뒷날을 기다리고 있는 사람은, 명분은 뜻을 세웠다고는 하나 실제로는 향학(向學)의 정성이 없기 때문이니, 진실로 자신의 뜻으로 하여금 학문에 정성을 둔다면 어질게 되는 것은 자기 자신으로 말미암은 것이다. 하고자 하면 이룰 것이니, 어찌 남에게서 구하며 후일에 기대하겠는가.

뜻을 세우는 것이 귀하다는 것은 곧 공부를 하되 오히려 제대로 되지 않을까 염려해서 시시각각으로 때가 자꾸 가는데 퇴보(退步)하지 않아야 하기 때문이다. 만약에 혹시라도 뜻이 성실하지 못하여 우물쭈물 날을 보낸다면 나이가 다 되어 죽은들 어찌 성취할 바가 있겠는가?

[訓讀]
*立 : 설 립. *志 : 뜻 지. *章 : 글 장. *初 : 처음 초. *學 :

배울 학. *先 : 먼저 선. *修 : 닦을 수. *立 : 설 립. *必 : 반드시 필. *以 : 써 이. *聖 : 성스러울 성. *自 : 스스로 자. *期 : 기약할 기. *可 : 옳을 가. *有 :있을 유. *毫 : 털 호. *小 : 작을 소. *退 : 물러날 퇴. *託 : 부탁할 탁. *念 : 생각할 념. *蓋 : 덮을 개. *衆 : 무리 중. *與 :줄 여. *聖 : 성스러울 성. *其 : 그 기. *性 : 성품 성. *則 : 곧 즉. *雖 : 비록 수. *氣 : 기운 기. *質 : 바탕 질. *能 : 능할 능. *無 : 없을 무. *淸 : 맑을 청. *濁 : 흐릴 탁. *粹 : 순수할 수. *駁 : 얼룩말 박. *異 : 다를 이. *苟 : 진실로 구. *能 : 능할 능. *眞 : 참 진. *知 : 알지. *實 : 열매 실. *踐 : 밟을 천. *去 : 갈 거. *舊 : 예 구. *染 : 물들일 염. *復 : 돌아올 복. *性 : 성품 성. *則 : 곧 즉. *增 : 불을 증. *末 : 끝 말. *萬 : 일만 만. *善 : 착할 선. *具 : 갖출 구. *足 : 발 족. *矣 : 어조사 의. *衆 : 무리 중. *豈 : 어찌 기. *可: 옳을 가. *乎 : 온 호. *孟 : 맏 맹. *道 : 길 도. *善 : 착할 선. *必 : 반드시 필. *稱 : 일컬을 칭. * 堯 : 요임금 요. *舜 : 순임금 순. *實 : 열매 실. *曰 : 가로 왈. *皆 : 다 개. *豈: 어찌 기. *欺 : 속일 기. *我 : 나 아. *哉 : 어조사 재. *當 : 당할 당. *常 : 항상 상. *奮 : 떨칠 분. *本 : 밑 본. *古 : 옛 고. *今 이제 금. *智 : 슬기 지. *愚 : 어리석을 우. *殊 : 죽일 수. *何 : 어찌 하. *故 : 옛 고. *獨 : 홀로 독. *爲 : 할 위. *衆 : 무리 중. *良 : 좋을 량. *明 : 밝을 명. *行 : 갈 행. *篤 : 도타울 독. *耳 : 귀 이. *明 : 밝을 명. *在 : 있을 재. *他 :

다를 타. *求 : 구할 구. *哉 : 어조사 재. *顔 : 얼굴 안. *淵
: 못 연. *何 : 어찌 하. *予 : 나 여. *有 : 있을 유. *爲 : 할
위. *者 : 놈 자. *亦 : 또 역. *若 : 같을 약. *是 : 옳을 시.
*當 : 당할 당. *以 : 써 이. *顔 : 얼굴 안. *希 : 바랄 희. *法
: 법 법. *容 : 얼굴 용. *貌 : 얼굴 모. *變 : 변할 변. *醜 :
추할 추. *研 : 갈 연. *弱 : 약할 약. *强 : 굳셀 강. *身 : 몸 신.
*體 : 몸 체. *短 : 짧을 단. *長 : 길 장. *此 : 이 차. *則
:곧 즉. *已 : 이미 이. *定 : 정할 정. *分 : 나눌 분. *改 : 고칠
개. *也 : 어조사 야. *惟 : 생각할 유. *肖 : 닮을 초. *賢 : 어질
현. *虛 : 빌 허. *靈 : 신령 령. *拘 : 잡을 구. *於 : 어조사
어. *稟 : 줄 품. *受 : 받을 수. *莫 : 없을 막. *美 : 아름다울
미. *苦 : 쓸 고. *虧 : 이지러질 휴. *損 : 덜 손. *所 : 바 소.
*賦 : 구실 부. *本 : 밑 본. *存 : 있을 존. *堅 : 굳을 견. *固
: 굳을 고. *退 : 물러날 퇴. *庶 : 여러 서. *幾 : 기미 기. *凡
: 무릇 범. *自 : 스스로 자. *謂 : 이를 위. *卽 : 곧 즉. *用
: 쓸 용. *功 : 공 공. *遲 : 늦을지. *回 : 돌 회. *等 : 가지런할
등. *待 : 기다릴 대. *名 : 이름 명. *實 : 열매 실. *無 : 없을
무. *向 : 향할 향. *學 : 배울 학. *之 : 갈지. *誠 : 정성 성.
*苟 : 진실로 구. *使 : 하여금 사. *吾 : 나 오. *由 : 말미암을
유. *己 : 자기 기. *欲 : 하고자할 욕. *至 : 이를지. *何 : 어찌
하. *求 : 구할 구. *後 : 뒤 후. *哉 : 어조사 재. *者 : 놈자.
*工 : 장인 공. *夫 : 지아비 부. *猶 : 오히려 유. *恐 : 두려울

공. *及 : 미칠 급. *念 : 생각할 념. *退 : 물리닐 퇴. *如 : 같을
여. *或 : 혹 혹. *因 : 인할 인. *循 : 좇을 순. *度 : 법도 도.
*日 : 해 일. *窮 : 다할 궁. *年 : 해 년. *沒 : 가라앉을 몰.
*世 : 대 세. *成 : 이룰 성. *就 : 이룰 취.

[語釋]

*立志(입지) : 뜻을 세움. *初學(초학) : 학문을 처음으로 배움. 또
그 사람. 初學者(초학자). *先須立志(선수입지) : 먼저 모름지기 뜻
을 세워야 한다. *聖人(성인) : 지혜와 도덕이 뛰어나고, 사물의 이
치에 정통하여 만세(萬歲)에 사표(師表)가 될 만한 사람. *自期(자
기) : 스스로를 심중(心中)에 기약(期約)함 *一毫(일호) : 한 가닥의
터럭. 전하여 조금. 근소. *自小退託之念(자소퇴탁지념) : 스스로
작다고 물러서는 핑계의 생각. *中人(중인) : 보통사람. 범인(凡人).
여러 사람. 세상사람. *粹駁(수박) : 순수할 수, 얼룩말 박, 합쳐서
사물이 純一(순일)하지 아니하다는 것을 이르는 말. *氣質(기질) :
氣稟(기품). 타고난 성질과 품격. *舊染(구염) : 옛날의 나쁜 풍습.
*復其性初(복기성초) : 그 타고난 성질로 되돌아감. *不增毫末(부
증호말) : 조금도 보태지 않음. *具足(구족) : 빠짐없이 구비함. *
豈可不以聖人(기가불이성인) : 어찌 성인으로 아니 할 수 있으랴.
*道(도) : 말할 도. *豈欺我哉(기기아재) : 어찌 우리를 속일 것이
냐. *自奮(자분) : 스스로 마음과 힘을 돋우어 일으킴. *人性本善
(인성본선) : 사람의 성품은 타고난 바탕이 착하다는 것. *智愚之

殊(지우지수) : 슬기로움과 어리석음의 사이. *良(량) : 진실로. *篤(독) : 돈독할 독. 두터움. 독실함. *希舜(희순) : 순임금처럼 되기를 바람. *爲法(위법) : 본받고자 함. *醜(추) : 추할 추, 미워하다. 못생기다. 용모가 보기 흉함. *姸(연) : 곱다. *膂(여) : 등골뼈. 곱다. 아름답다. 등에 지다, 근육의 힘. *賦(부) : 구실 부, 부역. *膂力(여력) : 體力(체력), 腕力(완력). *已定之分(이정지분) : 이미 정해진 분수. *心志(심지) : 마음의 뜻. *不可改(불가개) : 고칠 수 없다. *不肖(불초) : 아버지를 닮지 않아 미련함. 전하여 미련함. 자기의 겸칭. *虛靈(허령) : 허령불매의 약어 마음은 공허하여 형체가 없으나, 그 기능은 맑고 환하여 거울 이 물건을 비추는 것과 같음을 이름. *稟受(품수) : 稟性(품성. 天稟(천품)의 稟性(품성). *虧損(휴손) : 이지러져 덜림. *天所賦之本性(천소부지본성) : 하늘이 부여한바 본디의 성품. 천부의 본성. *堅固不退(견고불퇴) : 굳게 꾸준하여 물러서지 않음. *庶幾(서기) : 가까움, 거의 되려 함. *用功(용공) : 힘씀. 공부를 말함. *窮年沒世(궁년몰세) : 나이가 다하여 죽음. *遲回(지회) : 천천한 걸음으로 거닒. 우물쭈물함. *等待(등대) : 미리 기다리고 있음. *度日(도일) : 날을 보냄. *遲回等待者(지회등대자) : 머뭇거리고 뒷날을 기다리는 사람. 우물쭈물하고 뒷날을 기다리는 사람. *豈有所成就哉(기유소성취재) : 어찌 성취하는 바가 있겠느냐. *名爲立志(명위입지) : 명색은 뜻을 세웠다지만. *爲仁由己(위인유기) : 인을 한다는 것은 자기에게 달렸다. 어질게 되는 것은 자기에게 달림. *欲之則至(욕지즉지) : 그것을 하고자 하면 날성한다. *何待於後哉(하대어후재) : 어씨 뒷날을 기다릴 것이냐? *所貴乎立志者(소귀호입지자) : 뜻을 세우는 것이 귀하다는 것. *猶恐不及(유공불급) : 오히려 따라가지 못할까 걱정함. *念念(염념) : 항상 생각함. 시시각각 때가 자꾸 가는 모양. *誠篤(성독) : 성실함과 독실함. *因循(인순) : 무기력하여 고식적임.

[大意]

이 장에서는 먼저 뜻을 세우고 과감하게 학문을 배우기에 매진하라는 것에 대해 충고하고 있다.

입지(立志)란 올바른 도리를 행하기 위해서, 굳센 마음을 정하는 것을 의미한다. 그렇기 때문에 학문하는 사람은 이것을 제일 먼저 가져야 할 태도라고 설명한 것이다. 본디 사람은 누구나 성인이 될 수가 있다. 성인이나 보통 사람이나 그 타고난 본성(本性)은 마찬가지인 것이다.

맹자는 사람은 누구나 요순(堯舜)이 될 수가 있다고 말했다. 또 안연(顏淵)도 누구든지 노력하면 순(舜)처럼 될 수가 있다고 했다.

이런 말을 다시 인용하면서 다시 이렇게 말했다. 사람의 용모나 힘이나 몸뚱이는 변화시킬 수가 없다. 사람의 용모는 추한 얼굴을 곱게도 바꿀 수가 없고, 고운 얼굴을 추하게 만들 수도 없다. 사람의 힘도 약한 자를 강하게 바꿀 수도 없고, 강한 자를 약하게 고칠 수도 없다. 또 이와 마찬가지로 사람의 신체도 키가 작은 자를 크게 바꿀 수도 없고, 키가 큰 자를 작게도 고칠 수가 없다. 그러나 여기에 단 한 가지 바꿀 수 있는 것이 있다. 그것은 오직 심지(心志)이다. 사람의 마음과 뜻은 바꿀 수가 있다는 말이다. 사람의 마음은 어리석은 자를 지혜 있는 사람으로 만들 수 있고, 또 못난 사람을 어질게 만들 수도 있다. 왜냐하면 그것은 사람의 마음이 비어 있고, 신령스러운 것은 타고날 때의 심지에 구애받지 않기 때문이다.

그리고 이렇게 결론을 지었다.

이렇게 변경할 수 있는 심지를 가지고서도 어찌해서 어질고 지혜 있는 사람이 되려고 노력하지 않는가? 이렇게 자신의 심지를 어질고 지혜 있는 곳으로 이끌어 나가도록 뜻을 세우는 것이 바로 입지라고 했다. 그러나 이렇게 뜻만 세워 입지했다고 말만하고 학문과 행실에 힘쓰지 않으면 아무 소용이 없다. 입지가 중요하다는 것은 이 입지를 바탕으로 해서 계속하여 학문에 힘쓰고 행실에 노력하여 남에게 뒤지지 않을까 걱정해야만 비로소 목적한 바를 성취할 수 있다는 것이다.

☞ 고전(古典)에서 배우는 지혜

'입지(立志)'

'나는 열다섯 살에 학문에 뜻을 두었고, 서른 살에 뜻을 확고하게 했고, 마흔 살에는 마음에 흔들림이 없었고, 쉰 살에 천명을 알았으며, 예순 살에는 들으면 그대로 이해가 되었고, 일흔 살에는 마음이 하고자 하는 대로 행동해도 법도에 어긋나지 않았다. (吾十有五而志于学, 三十而立, 四十而不惑, 五十而知天命, 六十而耳順, 七十而從心所欲, 不踰矩)'

〈논어〉 '위정(爲政)'에 나오는 너무나 잘 알려진 공자의 말이다. 공자는 열다섯 살에 학문에 뜻을 두어 평생을 학문에 바치기로 하였고, 서른 살에는 그 학문의 기초를 확립했다.

마흔 살에 자신의 학문에 자신감을 가져 마음에 흔들림이 없었고, 쉰 살에는 학문에 정진하는 것이 하늘의 뜻임을 알았다.

예순 살에는 남의 의견을 들어도 들으면 그대로 순순히 이해가 되었으며, 일흔 살에는 자기가 하고 싶은 일을 마음대로 해도 법도에 어긋나지 않을 경지에 이르렀다.

또 뜻을 세우는 데 지켜야 할 몸가짐에 대한 퇴계 선생의 가르침 수신십훈(修身十訓)을 보면 다음과 같다.

입지(立志) - 성현을 목표로 하고, 털끝만큼도 자신이 못났다는 생각을 하면 안 된다.

경신(敬身) - 바른 모습을 지키고, 잠깐 동안이라도 방종한 태도를 보이면 안 된다.

치심(治心) - 마음을 깨끗하고 고요하게 유지하고, 흐릿하고 어지럽게 놓아두면 안 된다.

독서(讀書) - 책을 읽으면서 뜻을 깨달아야 하며, 말과 문자에만 매달리면 안 된다.

발언(發言) - 말을 정확하고 간결하게 하며, 자제하고 이치에 맞게 함으로써 자신과 남에게 도움이 되도록 한다.

제행(制行) - 행동을 반드시 바르고 곧게 해야 하고, 도리를 잘 지켜서 세속에 물들면 안 된다.

거가(居家) - 가정에서는 부모님께 효도하고 형제자매와 우애를 다하며, 윤리를 지킴으로써 서로의 은혜와 사랑을 굳게 해야 한다.

접인(接人) - 만나는 사람들을 성실과 신의로 대하고, 모든 사람을 사랑하고 어진 사람들을 더욱 가까이 해야 한다.

처사(處事) - 업무에 임해서는 옳고 그름을 철저히 분석하고, 쉽게 분노하면 안 되며, 욕심을 줄여야 한다.

응거(應擧) - 시험에 관해서는 득실을 따지지 말고 최선을 다해서 준비하고, 평안하게 치른 다음 천명을 기다려야 한다.

율곡이 입지의 중요성을 강조하고 있다는 점은 잘 알려진 사실이다. 이이는 본격적인 수양 공부에 앞서 먼서 입시가 있어야 한다고 하며, '입지가 아니면 만사가 이뤄지지 않는다.'고까지 말한다. 이이가 입지를 통해 노리는 효과는 대략 두 가지로 정리해 볼 수 있다.

첫째, 수양 공부에 착수하는 최초의 계기를 인위적으로 만드는 것이다. 이이는 도덕 실천의 원동력을 확보하지 못한 까닭에, 수양의 첫 출발이 가장 어렵다고 했다. 이를 이이는 '기가 어두움'의 문제로 부른다. 이것은 게으르고 방일하여 잠잘 생각만 할 뿐 도저히 수양 공부를 할 생각조차 안 하는 경우를 말한다. '기가 어두움'을 해결하기 위해서는 어떤 식으로든 수양 공부에 착수하도록 하는 최초의 계기가 필요하다. 이이는 그것이 바로 입지라고 본다. 왜냐하면 의지는 기의 장수이므로(氣之帥), 의지가 전일하면 기가 움직이지 않음이 없기 때문이다. 구체적으로 입지는 성현이 되려는 목표를 세우게 하는 것으로 나타난다. 이렇게 목표를 세우게 하려면 논리적 설득만으로는 불충분하므로, 성현이 될 수 있다는 사실을 우선 믿게 해야 한다. 이이가 입지를 방해하는 첫째 병폐로 믿지 않는 것을 든 것은 바로 이 때문이다.

둘째, 입지를 통해 성현이 되려는 목표를 세운다는 것은, 수양의 첫 출발부터 도덕 실천으로 정향된 의지의 거센 물결을 흐르게 한다는 것이다. 즉 매 순간마다 자신의 정서적 반응을 살피고 선과 악을 판단하여 실천의 결단을 내리는 일이 계속되기는 매우 어려운 일이므로, 거꾸로 아예 처음부터 의지의 격랑을 만듦으로써, 순간순간 이어지는 소소한 의식의 흐름은 이 크나큰 물결에 휩쓸리게 하자는 것이다. 이렇게 하면, 매 순간의 선택과 결단이 훨씬 더 쉬워지게 되며, 이는 공부의 과정에서 물러서지 않으려는 실천의 힘이 된다.

2. 혁구습장(革舊習章)

人雖有志於學　而不能勇往直前　以有所成就者　舊習
인 수 유 지 어 학　이 불 능 용 왕 직 전　이 유 소 성 취 자　구 습

有以沮敗之也　舊習之目　條列如左　若非勵志痛絶
유 이 저 패 지 야　구 습 지 목　조 열 여 좌　약 비 여 지 통 절

則終無爲學之地矣　其一　惰其心志　放其儀形　只思
즉 종 무 위 학 지 지 의　기 일　타 기 심 지　방 기 의 형　지 사

暇逸　深厭拘束　其二　常思動作　不能守靜　紛紜出入
가 일　심 염 구 속　기 이　상 사 동 작　불 능 수 정　분 운 출 입

打話度日　其三　喜同惡異　汨於流俗　稍欲脩飭　恐
타 화 도 일　기 삼　희 동 오 이　골 어 유 속　초 욕 수 칙　공

乖於衆　其四　好以文辭　取譽於時　剽竊經傳　以飾浮
괴 어 중　기 사　호 이 문 사　취 예 어 시　표 절 경 전　이 식 부

藻　其五　工於筆札　業於琴酒　優游卒歲　自謂淸致
조　기 오　공 어 필 찰　업 어 금 주　우 유 졸 세　자 위 청 치

其六　好聚閒人　圍棋局戲　飽食終日　只資爭競　其七
기 육　호 취 한 인　위 기 국 희　포 식 종 일　지 자 쟁 경　기 칠

歆羨富貴　厭薄貧賤　惡衣惡食　深以爲恥　其八　嗜
흠 선 부 귀　염 박 빈 천　악 의 악 식　심 이 위 치　기 팔　기

慾無節　不能斷制　貨利聲色　其味如蔗　習之害心者
욕 무 절　불 능 단 제　화 리 성 색　기 미 여 자　습 지 해 심 자

大槪如斯　其餘　難以悉擧　此習　使人志不堅固　行
대 개 여 사　기 여　난 이 실 거　차 습　사 인 지 불 견 고　행

不篤實　今日所爲　明日難改　朝悔其行　暮已復然　必
부 독 실　금 일 소 위　명 일 난 개　조 회 기 행　모 이 부 연　필

須大奮勇猛之志 如將一刀 快斷根株 淨洗心地 無
수 대 분 용 맹 지 지　여 장 일 도　쾌 단 근 주　정 세 심 지　무

毫髮餘脈 而時時 每加猛省之功 使此心 無一點舊
호 발 여 맥　이 시 시　매 가 맹 성 지 공　사 차 심　무 일 점 구

染之汚然後 可以論進學之工夫矣
염 지 오 연 후　가 이 논 진 학 지 공 부 의

　　사람이 비록 학문에 뜻을 가지고는 있으나 용감하게 곧바로
나아가서 이로써 성취하는 바가 없는 것은 낡은 습관이 가로막
고 있기 때문이다. 낡은 습관의 조목을 열거하면 다음과 같다.
만약 뜻을 다잡아서 이것들을 과감히 끊어버리지 못한다면 끝
내는 학업을 이룰 처지가 없을 것이다.

　　그 하나는 그 마음과 뜻을 게을리 하고 몸가짐을 함부로 해
서, 그저 한가하고 편안하기만을 생각하고 몹시 속박을 싫어하
는 것이다. 그 둘은 항상 돌아다니는 것만 생각하여 안정하지
않고, 분주히 드나들면서 떠들며 헛되이 날을 보내는 것이다.
그 셋은 같은 것을 좋아하고 다른 것을 싫어하여 예전부터 내
려오는 누속(陋俗)에 골몰(汨沒)하고, 조금 고치려고 하다가 남
들에게 따돌림을 받을까 두려워하는 것이다. 그 넷은 글이나
말로 시속(時俗)에 칭찬 받기를 좋아해서, 경전을 표절하여 알
맹이 없는 글을 짓는 것이다. 그 다섯은 편지 쓰기에 공을 들이
고, 거문고를 타고 술 마시는 것을 일삼아 하면서 하는 일 없이

세월을 보내며, 스스로를 깨끗한 운치가 있다고 여기는 것이다. 그 여섯은 한가한 사람을 모아서 바둑이나 장기 두기를 좋아하고 온종일 배불리 먹기만 하면서 그저 다투는 것을 일삼을 뿐이다. 그 일곱은 부귀한 것을 부러워하고 빈천한 것을 싫어하여 나쁜 옷을 입고 나쁜 음식을 먹는 것을 몹시 부끄럽게 여기는 것이다. 그 여덟은 즐기고 싶은 욕망을 절제할 수 없어서 끊어 억제하지 못하고, 재물의 이익과 노래와 여색의 맛이 달콤하니 이것을 익혀 마음을 해치는 사람이 대개 이러한 것이고, 나머지는 여기에 다 들기 어렵다. 이러한 습관이 사람으로 하여금 뜻을 견고하게 하지 못하고 행실이 독실(篤實)하지 못하여 오늘 한 것을 다음 날 고치기 어렵게 하고, 아침에 그 행실을 뉘우쳤다가 저녁이면 벌써 다시 그대로 하니, 반드시 모름지기 용맹스런 뜻을 크게 살려서 한 칼로 통쾌하게 뿌리를 끊어 버리듯이 하여 마음의 본바탕을 깨끗이 닦아서 털끝 만 한 남은 줄기도 없게 하고, 때때로 크게 반성하는 노력을 다하여 항상 이 마음으로 하여금 한 점의 낡은 습관의 더러움도 없게 한 연후에 이로써 학문에 나아가는 공부를 논할 수 있을 것이다.

[訓讀]
*沮 : 막을 저. *惰 : 게으를 타. *暇 : 겨를 가. *逸 : 달아날 일. 없어질 일. *紜 : 어지러울 운. *汨 : 빠질 골. *乖 : 어그러질 괴.

*譽 : 기릴 예. *剽 : 빠를 표. *藻 : 바닷말 조. *札 : 패 찰. *聚 : 모일 취. *閒 : 틈새 한. 사이 간. *圍 : 둘레 위. *棋 : 바둑 기. *局 : 판 국. *飽 : 물릴 포. 배부를 포. *歆 : 받을 흠. *羨 : 부러워 할 선. *嗜 : 즐길 기. *蔗 : 사탕수수 자. *槪 : 평미레 개. 누를 개. *悉 : 모두 실. 다 실. *汚 : 더러울 오.

[語釋]

*용왕직전(勇往直前) : 용왕매진(勇往邁進)하여 곧바로 앞으로 나아감. *저패(沮敗) : 저지당하여 패함. *조렬(條列) : 조목을 열거함. *여지(勵志) : 뜻을 격려함. *통절(痛絕) : 아주 끊어 버림. *방기의형(放其儀形) : 그 몸가짐을 자유롭게 함. *가일(暇逸) : 한가히 놂. *분운(紛紜) : 많고 어지러운 모양. 여러 사람의 의견이 일치하지 않아서 부산한 모양. *타화(打話) : 이야기를 함. 타는 동작을 나타내는 관사. *희동오이(喜同惡異) : 같은 것은 좋아하고 다른 것은 싫어함. *골어유속(汨於流俗) : 옛날부터 전해 오는 풍습에 빠져서. 골은 골몰함, 유는 빠짐. *공괴어중(恐乖於衆) : 대중에게서 멀리 떨어질까 두려워 함. *문사(文辭) : 글과 말. *표절(剽竊) : 남의 시나 문장 등을 훔쳐 제가 지은 것처럼 발표함. *경전(經傳) : 경서와 그것을 주해한 책. 經은 성인이 지은 책으로, 곧 사서오경(四書五經)을 말하며, 사서는 대학과 중용과 맹자와 논어이고, 오경(五經)은 시경과 서경과 주역과 예기와 춘추를 말함. *부조(浮藻) : 미사여구(美辭麗句)를 말함. *필찰(筆札) : 붓과 종이, 곧 편지. *업어금주(業

於琴酒) : 거문고 타기와 술 마시기를 일삼음. *우유졸세(優游卒歲) : 한가로이 세월을 보냄. *청치(淸致) : 깨끗한 운치. *위기국희(圍碁局戲) : 바둑이나 장기를 둠. *흠선(歆羨) : 부러워 함. *염박(厭薄) : 미워하여 냉대함. *기욕(嗜慾) : 기호(嗜好)하고자 하는 욕심. *단제(斷制) : 끊고 누름. *화리(貨利) : 재화와 이익. *성색(聲色) : 음악과 여색. *조회기행 모이부연(朝悔其行 暮已復然) : 아침에 그 행동을 뉘우쳤지만 저녁이 되면 다시 그렇게 하게 된다는 것. *근주(根株) : 뿌리. *정세심지(淨洗心地) : 마음을 깨끗이 씻음. 心地는 마음이나 마음의 본바탕. *호발여맥(毫髮餘脈) : 터럭과 남은 줄기 *구염지악(舊染之惡) : 예전의 나쁜 풍습의 더러움.

[大意]

혁구습장(革舊習章)에서는 학문을 닦는 데에 방해되는 요인은 예전의 잘못된 습관들 때문이니 그것들을 과감히 고쳐서 정진해야 한다는 것을 역설했다.

사람이 비록 학문에 뜻을 두었다고 해도 과감하게 곧바로 나아가 성취하지 못하는 것은 낡은 습관 때문이다. 여기 낡은 습관에 해당하는 항목을 열거하나, 만약에 뜻을 더욱 굳게 해서 못된 습관을 고치지 않으면 끝내 공부할 바탕을 마련하지 못한다.

첫째는 자신의 마음을 다잡지 않고 몸가짐을 함부로 해서, 그저 안일하기만을 생각하며 멋대로 하고 싶은 것이다. 둘째는 정숙하지 못하고, 싸돌아다니기를 즐기면서 말만으로 세월을 보내는 것이다. 셋째는 조금은 행실을 다잡으려고 하지만 세속에 빠져서, 같은 것만 좋아하고 다른 것을 싫어하여 남들이 멀리할까 두려워하는 것이다. 넷째는 글짓기로 세상에 이름나기를 좋아해서, 경전의 내용을 베껴서 쓸데없이 화려하기만 한 글을 짓는 것이요. 다섯째는 편지 쓰는 것에 힘을 쏟고, 거문고를 타고 술 마시며 즐겨 놀면서 세월을 보내는 것을 스스로 깨끗한 풍류라고 여기는 것이다. 여섯째는 한가한 사람들끼리 모여서 바둑과 장기나 두고, 배불리 먹고 하루를 보내며 남과 다투는 데만 힘을 보태는 것이요. 일곱째는 부자를 부러워하고, 가난하고 천한 것을 싫어하여 남루한 옷과 거친 음식을 몹시 부끄럽게 여기는 것이다. 여덟째는 즐기고 좋아하는 욕망을 절제하지 못하고, 재리와 음악과 여색에 빠져 그 맛을 달게 여기는 것이다.

　이런 것들이 모두 자기 마음을 해치는 습관들이다. 이 밖에도 좋지 못한 습관이 물론 많지만 이것을 낱낱이 들어 기록할 수는 없다. 이 습관들은 모두 사람으로 하여금 뜻을 견고하게 하지 못하고, 행실을 착실하게 하지 못하게 하는 요소들이다. 그래서 오늘 잘못한 것을 내일에도 고칠 줄 모르고, 아침에 후회하면서도 저녁에는 또다시 되풀이하게 된다. 그런 즉 이런 것은 과감하게 뜻을 세워 칼로 베듯이 하여 반드시 그 뿌리를 잘라서 마음속에 조금도 그 남은 줄기가 없도록 해야 한다. 그

리고 사욕을 냉멸하게 반성해서 마음에 한 점이라도 나쁜 습관에
더럽혀짐이 없어야 비로소 학문에 나아갈 수 있다.

'智仁勇'

'好學 近乎知, 力行 近乎仁, 知恥 近乎勇.'

공자가 말하기를 "배움을 좋아하는 것은 지혜[智]에 가깝고, 힘써 행하는 것은 인덕[仁]에 가깝고, 수치를 아는 것은 용기[勇]에 가까운 것이다."고 했다.

이 세 가지를 알면 곧 몸을 닦는 까닭을 알게 될 것이요, 몸을 닦는 까닭을 알면 곧 사람을 다스리는 까닭을 알게 될 것이요, 사람을 다스리는 까닭을 알면 곧 천하와 국가를 다스리는 까닭을 알게 될 것이다.

그래서 배움에 취미를 가져야 하고, 그 배움을 힘써서 행하고, 행함에 있어서 사리를 분별할 줄 알아야 하는 것이니, 이 세 가지의 과정을 알게 되면 자신의 몸을 닦아 교양을 쌓는 법을 알게 된다는 것이다.

학문과 행동과 수치는 지식과 인덕과 용기를 가져오고, 이것은 결국 천하국가를 다스리는 근원이 된다.

공자는 자신을 닦는 길은 이렇게 세 가지의 길이라는 것을 가르치고 있다.

〈논어〉에서 학문(學問)은 한자 표현 그대로 "배우고 물음"으로써 진정한 앎에 접근해간다는 의미라고 이해할 수 있다. 현

내적 의미로 학문(學問)이라는 용어는 서양어 'Science', 'Wissenschaft'에 대한 번역어이지만, 전통시대의 '학(學)'의 의미는 'learning'에 가깝다고 할 수 있다. 학문에서 '학'과 '문'을 구별해 보면, 단순히 지식을 배우는 것이 '학(學)'이고, 그 지식을 주체적으로 소화하여 진정한 나의 것으로 만들기 위해 비판적인 관점에서 의문을 가지고 반문(질문)하는 것이 '문'이라고 할 수 있다. 지식이란 과거에 어떤 제한된 시간과 제한된 장소에서 특정 경험과 견해를 가진 어떤 사람에 의해 도달한 결론과 같은 것이다. 그런 지식을 배우는 것이 '학'이다.

그런데 그 지식을 배우는 사람은 다른 시간 다른 장소 다른 경험적 배경을 가진 사람이다. 따라서 그 지식을 배울 때는 항상 자신의 입장에서 되짚어 보는 자세가 절대적으로 필요하다. 왜냐하면 어떤 지식이든 그 자체로 완벽한 것은 없고, 항상 일정한 한계(울타리)를 지니고 있는 만큼, 그 한계를 알아야 더 나은 단계로 발전시킬 수 있기 때문이다.

요컨대 어떤 지식이든 항상 의문과 의심을 가지고 비판적으로 접근할 때에만 참된 나의 지식이 될 수 있다는 것이 '학문'의 의미라고 할 수 있다.

〈논어〉에서 '학(學)'이라는 글자를 중심으로 논해지는 사상은 바로 이와 같은 '학문'의 의미를 충실하게 담고 있다.

조선 선조 때는 유독 학문에 출중한 사람들이 많았는데, 아계(鵝溪) 이산해(李山海)도 예외는 아니었다. 이산해는 동서의 당쟁이 치열하던 선조 때에 유성룡과 함께 동인의 영수로 명성을 날렸다. 그는 비교적 온건한 현실주의자로, 어릴 때부터 천재라고 소문이 자자했다. 그의 아버지는 목은 이색의 6대 손인 이지번이었고, 작은아버지는 토정 이지함이었다. 이지번과 이지함 모두 당대의 대학자였다. 이산해는 이미 두 살 때부터 책을 읽고 다섯 살 때에 글을 지었다. 그가 이렇게 천재성을 보인 것은 아버지 이지번의 독특한 조기 교육 때문이었다. 이지번은 아들이 또래에 비해 뛰어난 것을 보고 대성할 인재로 키우기 시작했다.

'어릴 때부터 공부하는 습관을 가져야 한다.'

이지번은 걸음마도 떼지 못하는 이산해에게 글자를 보여주고 붓을 쥐어주었다. 그의 주위에는 온통 책과 붓, 종이뿐이었다. 〈아계이상국연보(鵝溪李相國年譜)〉에는 이웃 사람이 쇠스랑을 보여주면서 무엇이냐고 묻자 산(山)이라고 대답했다고 나와 있다. 그가 세 살 때 유모에게 업힌 상태로 벽에 걸려 있는 동해옹(東海翁)의 초서를 보고 기뻐하면서 손가락으로 따라 쓰는 시늉을 하다가 종이를 찢었다. 이지번이 돌아와서 왜 아이의 손에 초서를 닿게 했느냐고 유모를 꾸짖자, 이산해가 종이와 붓을 찾아서 원본에 가깝게 써냈다고 한다.

이렇듯 이산해는 천재였다. 그는 토정 이지함에게 글을 배워 학문이 일취월장했다. 본격적으로 학문을 배우기 시작하자 밥 먹는 것도 잊고 책 읽는 일에만 몰두했다. 그는 공부 신이 들린 것 같았다. 그가 어찌나 열심히 공부를 하는지, 건강이 상할까 봐 부모가 걱정할 정도였다.

이산해가 다섯 살이 되었을 때였다. 이지함은 이산해에게 책을 덮어두고 식사 시간을 기다리게 했는데, 그 시간에 이산해가 시를 지었다고 한다.

어린 이산해는 육체의 주림보다 배움의 주림을 더 탓하여 이지함을 놀라게 했다. 그는 불과 13세에 초시에 응시하여 〈만초손부(滿招損賦)〉를 지었다.

이지번은 이산해의 재주가 일찍 드러나는 것을 두려워하여 회시를 보지 못하게 했다. 이산해는 20세 이후에 다시 과거를 보고 장원을 하여 영의정에까지 이르렀다.

교육은 아이의 개성을 존중하는 가운데 이루어져야 한다. 아이의 성향을 무시하고 부모의 기호와 사회적인 유행에 따라 가르치면 공부에 실속이 없다. 모든 면에서 안정된 아이일지라도 부모의 각별한 관심이 필요한데, 그렇지 못한 아이라면 말해 무엇을 하겠는가. 아이의 성격을 객관적으로 파악하고, 설사 단점이 있더라도 인정하며, 이를 바로잡은 이후에야 공부에 진보가 있다.

〈명심보감(明心寶鑑)〉에 "하늘은 녹(祿)이 없는 사람을 낳지 않고, 땅은 이름 없는 풀을 기르지 않는다."는 말이 있다. 아이들은 자라서 무언가 보람 있는 일을 하기 위해 태어난 사람들

이다. 저마다 개성과 소질을 갖고 이를 마음껏 펼치면서 살아
갈 소중한 인재들이다. 1등을 하기 위해, 공부만 하기 위해 태
어난 사람들이 아니다.

3. 지신장(持身章)

學者　必誠心向道　不以世俗雜事　亂其志然後　爲
학자　필성심향도　불이세속잡사　란기지연후　위

學　有基址故夫子曰　主忠信　朱子　釋之曰　人不忠
학　유기지고부자왈　주충신　주자　석지왈　인불충

信　事皆無實　爲惡則易　爲善則難　故必以是爲主焉
신　사개무실　위악즉이　위선즉난　고필이시위주언

必以忠信爲主　而勇下工夫然後　能有所成就　黃勉齋
필이충신위주　이용하공부연후　능유소성취　황면재

所謂眞實心地刻苦工夫　兩言　盡之矣　常須夙興夜寐
소위진실심지각고공부　량언　진지의　상수숙흥야매

衣冠必正　容色必肅　拱手危坐　行步安詳　言語愼重
의관필정　용색필숙　공수위좌　행보안상　언어신중

一動一靜　不可輕忽　苟且放過　收斂身心　莫切於九
일동일정　불가경홀　구차방과　수렴신심　막절어구

容　進學益智　莫切於九思　所謂九容者　足容重[不輕
용　진학익지　막절어구사　소위구용자　족용중　불경

擧也　若趨于尊　長之前則　不可拘此]　手容恭[手無
거야　약추우존　장지전즉　불가구차　수용공　수무

慢弛　無事　則當端拱不妄動]　目容端[定其眼睫　視
만이　무사　즉당단공불망동　목용단　정기안첩　시

瞻當正　不可流眄邪睇]　口容止[非言語飮食之時　則口
첨당정　불가류면사제　구용지　비언어음식지시　즉구

常不動]　聲容靜 [當整攝形氣　不可出嚬咳等雜聲]
상부동　성용정　당정섭형기　불가출해해등잡성

頭容直[當正頭直身　不可傾回偏倚]　氣容肅[當調和
두용직 당정두직신　불가경회편의　기용숙 당조화

鼻息 不可使有聲氣]　立容德[中立不倚　儼然有德之
비식 불가사유성기　입용덕 중립불의　엄연유덕지

氣像]　色容莊[顔色整齊　無怠慢之氣]　所謂九思者
기상　색용장 안색정제　무태만지기　소위구사자

視思明[視無所蔽　則明無不見]　聽思聰[聽無所壅
시사명 시무소폐　칙명무불견　청사총 청무소옹

則聰無不聞]　色思溫[容色和舒　無忿厲之氣]　貌思
칙총무불문　색사온 용색화서　무분려지기　모사

恭[一身儀形　無不端莊]　言思忠[一言之發　無不忠
공 일신의형　무불단장　언사충 일언지발　무불충

信]　事思敬[一事之作　無不敬愼]　疑思問[有疑于心
신　사사경 일사지작　무불경신　의사문 유의우심

必就先覺審問　不知不措]　忿思難[有忿必懲　以理自
필취선각심문 부지불조　분사난 유분필징　이리자

勝]　見得思義[臨財必明義利之辨　合義然後　取之]
승　견득사의 림재필명의리지변　합의연후　취지

常以九容九思　存於心　而檢其身　不可頃刻放捨　且
상이구용구사　존어심　이검기신　불가경각방사　차

書諸座隅時時寓目　非禮勿視　非禮勿聽　非禮勿言
서제좌우시시우목　비례물시　비례물청　비례물언

非禮勿動　四者　修身之要也　禮與非禮　初學難辨
비례물동　사자　수신지요야　예여비례　초학난변

必須窮理　而明之但於已知處　力行之　則思過半矣
필수궁리　이명지단어이지처　역행지　즉사과반의

爲學 在於日用行事之間 若於平居 居處恭 執事敬
위학 　재어일용행사지간 　약어평거 　거처공 　집사경

與人忠 則是名爲學讀書者 欲明此理而已 衣服 不
여인충 　즉시명위학독서자 　욕명차리이이 　의복 　불

可華侈 禦寒而已 飮食 不可甘美 救飢而已 居處不
가화치 　어한이이 　음식 　불가감미 　구기이이 　거처불

可安泰 不病而已 惟是學問之功 心術之正 威儀之
가안태 　불병이이 　유시학문지공 　심술지정 　위의지

則 則日勉勉 而不可自足也 克己工夫 最切於日用
즉 　즉일면면 　이불가자족야 　극기공부 　최절어일용

所謂己者 吾心所好 不合天理之謂也 必須檢察吾心
소위기자 　오심소호 　불합천리지위야 　필수검찰오심

好色乎 好利乎 好名譽乎 好仕宦乎 好安逸乎 好
호색호 　호리호 　호명예호 　호사환호 　호안일호 　호

宴樂乎 好珍玩乎 凡百所好 若不合理 則一切痛斷
연락호 　호진완호 　범백소호 　약불합리 　즉일절통단

不留苗脈 然後吾心所好 始在於義理 而無已可克矣
불류묘맥 　연후오심소호 　시재어의리 　이무기가극의

多言多慮 最害心術 無事 則當靜坐存心 接人 則當
다언다려 　최해심술 　무사 　즉당정좌존심 　접인 　즉당

擇言簡重 時然後言 則言不得不簡 言簡者 近道
택언간중 　시연후언 　즉언불득불간 　언간자 　근도

非先王之法服 不敢服 非先王之法言 不敢道 非先
비선왕지법복 　불감복 　비선왕지법언 　불감도 　비선

王之德行 不敢行 此當終身服膺者也 爲學者 一味
왕지덕행 　불감행 　차당종신복응자야 　위학자 　일미

向道 不可爲外物所勝 外物之不正者 當一切不留於
향도　불가위외물소승　외물지불정자　당일절불류어

心 鄕人會處 若設博奕樗蒲等戱 則當不寓目 逡
심　향인회처　약설박혁저포등희　즉당불우목　준

巡引退 若遇娼妓作歌舞 則必須避去 如値鄕中大會
순인퇴　약우창기작가무　즉필수피거　여치향중대회

或尊長强留不能避退 則雖在座而整容淸心 不可使
혹존장강류불능피퇴　즉수재좌이정용청심　불가사

奸聲亂色 有干於我 當宴飮酒 不可沈醉 浹洽而止
간성란색　유간어아　당연음주　불가침취　협흡이지

可也 凡飮食 當適中 不可快意 有傷乎氣 言笑當
가야　범음식　당적중　불가쾌의　유상호기　언소당

簡重 不可喧譁 以過其節 動止 當安詳 不可粗率
간중　불가훤화　이과기절　동지　당안상　불가조솔

以失其儀 有事 則以理應事 讀書 則以誠窮理 除
이실기의　유사　즉이리응사　독서　즉이성궁리　제

二者外 靜坐收斂此心 使寂寂無紛起之念 惺惺無昏
이자외　정좌수렴차심　사적적무분기지념　성성무혼

昧之失 可也 所謂敬以直內者 如此 當正身心 表
매지실　가야　소위경이직내자　여차　당정신심　표

裏如一 處幽如顯 處獨如衆 使此心如靑天白日 人
리여일　처유여현　처독여중　사차심여청천백일　인

得而見之 常以行一不義 殺一不辜 而得天下 不爲
득이견지　상이행일불의　살일불고　이득천하　불위

底意思 存諸胸中 居敬以立根本 窮理 以明乎善
저의사　존제흉중　거경이립기본　궁리　이명호선

力行 以踐其實 三者 終身事業也 思無邪 毋不敬
력행　이천기실　삼자　종신사업야　사무사　무불경

只此二句 一生 受用不盡 當揭諸壁上 須臾不可忘
지차이구　일생　수용불진　당게제벽상　수유불가망

也 每日 頻自點檢 心不存乎 學不進乎 行不力乎
야　매일　빈자점검　심불존호　학불진호　행불력호

有則改之 無則加勉 孜孜無怠 斃而後已
유즉개지　무즉가면　자자무태　폐이후이

　배우는 사람은 반드시 진실한 마음으로 도를 향하여 세속의
잡된 일로 자신의 뜻을 어지럽히지 않은 뒤에 학문을 해야 기
초가 있게 된다. 그러므로 부자(夫子)가 말하기를, 충(忠)과 신
(信)을 중심으로 삼아야 한다고 했는데, 주자(朱子)는 이를 해석
하여 말하기를, 사람에게 충과 신이 없으면 하는 일이 모두 진
실함이 없어서 잘못을 저지르기는 쉽고 선(善)을 실천하기는 어
렵다. 그러므로 반드시 이를 중심으로 삼아야 하는 것이라고
했으니, 반드시 충과 신을 중심으로 삼고 용감하게 공부에 시
작한 후에 성취하는 바가 있을 것이다. 면재(勉齋) 황간(黃幹)이
말하는, 마음을 진실하게 하고 각고의 노력으로 공부하라는 두
마디 말이, 그 뜻을 다하였다고 할 것이다.

　모름지기 항상 일찍 일어나고 밤늦게 자며, 의관은 반드시
바르게 하고 얼굴빛은 반드시 엄숙하게 하며, 두 손을 모으고
무릎 꿇고 앉으며, 걸음걸이를 편안하고 조심스럽게 하고, 말

을 신중하게 하여 일동일정(一動一靜)을 가볍고 소홀히 해서 구차하게 지나쳐 버리면 안 된다.

몸과 마음을 거두어들이는 방법은 구용(九容)보다 더 친절한 것이 없고, 배움을 진보시키고 지혜를 더하는 방법은 구사(九思)보다 더 친절한 것이 없다. 구용이라 말하는 것은, 발의 움직임을 무겁게 하고, (가볍게 거동하지 않는 것이니, 어른 앞에서 종종걸음으로 걸을 적에는 이 조목에 구애받지 않아도 된다.) 손 모양을 공손히 하고, (손을 함부로 늘어뜨리지 않는 것이니, 일이 없을 때는 단정히 손을 모으고 함부로 움직이지 않는다.) 눈 모양을 단정히 하고, (눈동자를 안정시켜 시선을 바르게 하는 것이니, 흘겨보거나 훔쳐보면 안 된다.) 입은 꼭 다물고, (입은 말을 하거나 음식을 먹을 때가 아니면 항상 움직이지 않는 것이다.) 목소리는 조용히 하고, (마땅히 형기(形氣)를 가다듬어 구역질을 하거나 트림을 하는 따위의 잡소리를 내서는 안 된다.) 머리는 곧게 세우고, (머리를 바르게 세우고 몸을 곧게 해야 하고, 기울여 돌리거나 한쪽으로 치우치게 하면 안 된다.) 숨쉬기는 조용하게 하고, (호흡을 고르게 하여 소리가 나게 해서는 안 된다.) 서 있는 모양은 덕스럽게 하고, (똑바로 서고 치우치지 않아서 엄숙하고 덕스러운 기상을 지녀야 한다.) 얼굴 모양을 장엄하게 하는 것이다. (얼굴빛을 단정히 하여 태만한 기색이 없어야 한다.)

이른 바 구사라는 것은, 볼 때는 분명하게 볼 것을 생각하고,

(사물을 볼 때 시선을 가리는 것이 없으면 분명하여 보지 못하는 것이 없다.) 들을 때는 분명히 들을 것을 생각하고, (들을 때 막히는 것이 없으면 분명하여 듣지 못하는 것이 없다.) 얼굴빛은 온화하게 할 것을 생각하고, (얼굴빛을 온화하고 부드럽게 하여 화를 내거나 사나운 기색이 없어야 한다.) 용모는 공손하게 할 것을 생각하고, (태도가 단정하고 씩씩하지 않음이 없게 한다.) 말은 진실하게 할 것을 생각하고, (한 마디 말이라도 진실하지 않음이 없게 한다.) 일은 신중하게 할 것을 생각하고, (한 가지 일이라도 신중하고 조심하지 않음이 없게 한다.) 의심이 나면 질문할 것을 생각하고, (마음속에 의심이 있으면 반드시 잘 아는 사람에게 자세히 물어서 모르는 것을 그대로 내버려 두지 않는다.) 분할 때는 환난을 생각하고, (분이 나면 반드시 징계하여 이치로써 스스로 이겨내야 한다.) 얻을 것을 보면 의리를 생각하는 것이다. (재물을 마주했을 때는 반드시 의(義)와 리(利)를 분명히 구분하여, 의에 부합된 뒤에야 취한다.)

항상 구용과 구사를 마음속에 잡아 두어서 자신의 몸을 단속하고 잠깐 동안이라도 놓지 말고, 또 이것을 앉는 자리의 귀퉁이에 써서 붙여 놓고 때때로 눈으로 새겨보아야 할 것이다.

예가 아니면 보지 말고, 예가 아니면 듣지 말며, 예가 아니면 말하지 말고, 예가 아니면 움직이지 말라는 네 가지 조목은 몸을 수양하는 요점이다. 예와 예가 아닌 것을 처음 배우는 이가 분별하기 어려우니, 반드시 이치를 궁구하여 밝혀서 이미 아는 부분을 힘써 실천한다면 생각함이 반을 넘을 것이다. (깨달은 바가 이미 많을 것이다.)

학문을 하는 것은 일상적으로 행하는 일 속에 있으니, 만약 평소에 생활할 때에 거처함을 공손히 하고, 일을 집행하기를 공경히 하고, 남과 함께 할 때 진실하면, 이것을 이름 하여 학문이라 하는 것이니, 책을 읽는 것은 이 이치를 밝히고자 하는 것일 뿐이다.

의복은 화려하거나 사치스러움을 추구해서는 아니 되고 추위를 막을 정도면 그만이요, 음식은 달고 맛을 추구해서는 아니 되고 굶주림을 면할 정도면 그만이요, 거처는 편안함을 추구해서는 아니 되고 병들지 않을 정도면 그만이다. 오직 학문하는 힘과 마음을 수양하는 올바른 방법과 몸가짐을 단속하는 법칙은 날마다 부지런히 힘써야 하며 스스로 만족해서는 안 된다.

자신의 사욕을 이기는 극기 공부가 일상생활 속에서 가장 절실한 것이다. 이른바 기(己)라는 것은 내 마음이 좋아하는 바가 천리(天理)에 부합하지 않는 것을 말한다. 반드시 내 마음이 여색을 좋아하는가, 이익을 좋아하는가, 명예를 좋아하는가, 벼슬하기를 좋아하는가, 편안하게 지내기를 좋아하는가, 잔치하고 즐기기를 좋아하는가, 진귀한 보배를 좋아하는가를 검찰하여, 여러 가지 좋아하는 바가 만일 이치에 부합하지 않으면, 일체를 통렬히 끊어버려서 싹이나 맥을 남겨 두지 않은 뒤에야 내 마음이 좋아하는 것이 비로소 뜻과 부합되어서 이길 만한 사욕이 없어질 것이다.

말이 많고 생각이 많은 것은 마음을 수양하는 데 가장 해롭다. 일이 없으면 마땅히 고요히 앉아서 마음을 보존하고, 사람을 만날 때는 마땅히 말을 가려서 간략히 하고 신중히 하여, 때에 맞은 뒤에 말하면 말이 간략하지 않을 수 없을 것이니 말이 간략한 사람이 도에 가깝다.

선왕의 법도에 맞는 옷이 아니면 감히 입지 아니하며, 선왕의 법도에 맞는 말이 아니면 감히 말하지 아니하며, 선왕의 덕행이 아니면 감히 행하지 않을 것이니, 이것은 마땅히 몸을 마칠 때까지 가슴속에 넣어 두어야 한다.

배움을 추구하는 이는 한결같이 도를 향하여 외물(外物)에 지지 않아야 할 것이니, 외물 중에서 바르지 못한 것은 마땅히 일체 마음에 두지 않아야 한다. 고을 사람들이 모인 곳에서 만일 장기나 바둑, 저포 같은 놀이를 벌리면 새겨보지 말고 뒷걸음질을 쳐서 물러나야 마땅하고, 만일 기생들이 노래하고 춤추는 것과 만나면 반드시 피해 가야 할 것이요, 만일 고을의 사람이 많이 모이는 상황을 만나 혹 존장이 억지로 만류하여 피해서 물러갈 수 없으면, 비록 그 자리에 있을지라도 용모를 단정히 하고 마음을 맑게 하여 간사한 소리와 음란한 색이 나를 침범하지 않게 할 것이며, 잔치를 만나 술을 마실 때에는 빠지도록 취해서는 안 되고, 술기운에 너무 젖으면 그만 마시는 것이 옳다. 모든 음식은 마땅히 알맞게 먹어야 할 것이니, 늦대로 실컷 먹어서 기를 손상시키지 말 것이며, 말과 웃음은 마땅히 간략하고 신중히 해서 시끄럽게 떠들면서 절도를 넘어서지 말 것이며, 행동거지는 마땅히 편안하고 조심스럽게 해서 거칠고 경솔하게 하여 몸가짐을 잃어서는 안 된다.

일이 있으면 사리대로 일을 처리하고, 책을 읽을 때는 진실한 마음가짐으로 이치를 궁구해야 한다. 이 두 가지를 제외하고는 조용히 앉아 마음을 거두어 들여서, 고요하고 고요하여 어지럽게 일어나는 잡념이 없게 하며, 정신을 집중해서 어두워지는 실수가 없게 하는 것이 옳으니, 이른 바 경으로써 마음속을 곧게 한다는 것이 이와 같이 하는 것이다.

마땅히 몸과 마음을 바르게 하여 겉과 속이 한결같게 하여야 할 것이니, 깊숙한 곳에 있더라도 드러난 곳에 있는 것처럼 하고, 혼자 있더라도 여럿이 있는 것처럼 하여, 마음으로 하여금 푸른 하늘의 밝은 해를 사람들이 모두 볼 수 있는 것처럼 하여야 한다.

한 가지라도 의롭지 못한 일을 행하고, 단 한 사람이라도 죄 없는 사람을 죽여서 천하를 얻을 수 있다 하더라도, 그러지 않겠다는 뜻을 항상 가슴속에 두어야 한다.

경을 실천함으로써 근본을 확립하고, 이치를 궁구함으로써 선을 밝히고, 힘써 행함으로써 그 진실을 실천하여야 하니, 이 세 가지는 죽을 때까지 해야 할 일이다.

생각에는 부정함이 없다는 것과, 공경하지 않으면 안 된다는 오직 이 두 구절만은 일생토록 받아써도 다하지 않을 일이니, 마땅히 이것을 벽 위에 써 붙여서 잠깐 동안이라도 잊어서는 안 된다.

　매일 자주 스스로 점검하되, 마음을 보존하지 않은 적이 있었던가, 학문은 진전되지 않음이 있었던가, 행실을 힘쓰지 않음이 있었던가, 반성하여 있으면 그것을 고치고 없으면 더 부지런히 힘써서 게을리 하지 말아야 하며 죽은 뒤에야 그만둘 것이다.

[訓讀]

*勉 : 힘쓸 면. *齋 : 재계할 재. *夙 : 일찍 숙. *寐 : 잠잘 매. *肅 : 엄숙할 숙. *捨 : 버릴 사. *隅 : 모퉁이 우. *寓 : 머무를 우. *侈 : 사치할 치. *禦 : 막을 어. *玩 : 희롱할 완. *切 : 온통 체. *膺 : 가슴 응. *奕 : 클 혁. *樗 : 가죽나무 저. *逡 : 뒷걸음질칠 준. *浹 : 두루미칠 협. *洽 : 윤택하게할 흡. 적실 흡. *喧 : 의젓할 훤. *譁 : 시끄러울 화. *除 : 섬돌 제. *昧 : 새벽 매. *顯 : 나타날 현. *辜 : 허물고. *孜 : 힘쓸 자. *斃 : 넘어질 폐.

[語釋]

*향도(向道) : 사람이 마땅히 행하여야 할 길로 향함. *세속잡사(世俗雜事) : 세상의 속된 여러 가지 일. *기지(基址) : 터전. *부자(夫

千) : 스승의 손짓으로, 여기서는 兴자의 손짓. *수(主) : 수로 함.
*필이시위주언(必以是爲主焉) : 반드시 이것으로써 으뜸을 삼는다.
*하(下) : 착수함. 손을 댐. *능유소성취(能有所成就) : 능히 성취할
바가 있음. *황면제(黃勉齊) : 송나라 학자. 주자(朱子)의 제자. *상
수(常須) : 항상 모름지기 ~를 해야 함. 즉 ~는 夙興夜寐와 같은
것들임. *숙흥야매(夙興夜寐) : 새벽에 일어나고 밤에는 늦게 잔다
는 뜻으로, 부지런히 일을 하거나 학문을 닦음을 이름. *용색(容色)
: 용모와 안색. *필숙(必肅) : 반드시 엄숙히 함. *위좌(危坐) : 똑바
로 앉음. 단정히 앉음. 跪坐(궤자). 正座(정좌). *행보(行步) : 걸음걸
이. 보행. *안상(安詳) : 성질이 안존하고 자세함. *일동일정(一動
一靜) : 때로는 움직이고 때로는 정지함. 활동하기도 하고 정지하기
도 함. *경홀(輕忽) : 경박하고 소홀함. 소홀히 함. 등한히 함. *구차
(苟且) : 등한히 함. 가난함. *방과(放過) : 지나쳐 버림. *수렴신심
(收斂身心) : 몸과 마음가짐. *막절어구용(莫切於九容) : 아홉 가지
태도보다 더 중요한 것은 없다. *진학익지(進學益智) : 학문을 깊게
하고 지혜를 더하는 것. *족용중(足容重) : 발의 용모는 무겁게 움
직여야 함. *수용공(手容恭) : 손의 용모는 공손해야 함. *목용단(目
容端) : 눈의 용모는 단정해야 함. *구용지(口容止) : 입의 용모는
신중하게 가짐. *성용정(聲容靜) : 소리는 조용하게 해야 함. *두용
직(頭容直) : 머리 모양은 바르게 가져야 함. *기용숙(氣容肅) : 숨
소리는 정숙하게 해야 함. *색용장(色容莊) : 얼굴의 용모는 장엄하
게 가져야 함. *시사명(視思明) : 보는 것은 밝게 볼 것을 생각함.

*정사총(聽思聰) : 늘늘 때에는 똑똑히 늘늘 것을 생각함. *색사온(色思溫) : 얼굴빛은 온화하게 갖기를 생각함. *모사공(貌思恭) : 용모는 공손하기를 생각함. *언사충(言思忠) : 말은 성실함을 생각해야 함. *사사경(事思敬) : 일을 하는 데는 공경함을 생각해야 함. *의사난(疑思難) : 의심나는 것은 물을 것을 생각함. *분사난(忿思難) : 분할 적에는 곤란할 때를 생각함. *견득사의(見得思義) : 이득을 보거든 의로운 것인가 아닌가를 생각해야 함. *경각(頃刻) : 잠시. 잠깐 동안. *방사(放捨) : 놓아 버림. *좌우(座隅) : 앉는 자리의 한구석. *우목(寓目) : 눈여겨 봄. *비례물시(非禮勿視) : 예의에 어긋나는 것은 보지 마라. *비례물동(非禮勿動) : 예의에 어긋나는 행동은 하지 마라. *초학난변(初學難辨) : 처음 공부하는 사람은 예의에 맞는 것인지 예의에 어긋나는 것인지 분별하기 어려움. *필수궁리이명지(必須窮理而明之) : 반드시 사물의 이치를 궁리하여 밝힘. *단어이지처(但於已知處) : 다만 이미 아는 데까지. *평거(平居) : 평상시. 또 평생. *거처(居處) : 집에 있음. 있는 곳. *집사(執事) : 사무를 봄, 또는 그런 사람. 귀인을 모시고 그 집안 살림을 맡는 사람. *화치(華侈) : 화려하고 사치스러움. *어한(禦寒) : 추위를 막음. *安泰(안태) : 편안하고 태평함. *심술(心術) : 마음씨. *위의(威儀) : 예의에 맞아 위엄 있는 거동. 예의세칙. 의식. *극기(克己) : 자기의 사욕을 이성으로 눌러 이김. *검찰(檢察) : 여기서는 점검하여 살피는 것. *사환(仕宦) : 벼슬을 함. *안일(安逸) : 몸이 편하고 한가함. *연락(宴樂) : 잔치를 베풀고 즐김. *진완(珍玩) : 진귀한 완

ㅏ. *통난(痛斷) : 난호히 긇어 버림. *묘맥(苗脈) : 묘예(苗裔), 즉 땅속의 광맥(鑛脈). *간중(簡重) : 간단하고 신중함. *부득불간(不得不簡) : 간단하지 않을 수 없다. *법복(法服) : 제정된 정식의 의복. *복응(服膺) : 가슴에 꼬옥 껴안는다는 말로, 잘 지켜서 잠시도 잊지 않는다는 뜻. *일미(一味) : 한결같이. *향도(向道) : 공부하는 길로 향함. *외물(外物) : 바깥 사물. *불류어심(不留於心) : 마음에 남겨 두지 아니함. *향인회처(鄕人會處) : 동네 사람이 모인 곳. *박혁(博奕) : 쌍륙과 바둑. 전하여 도박의 뜻으로 쓰임. *저포(樗蒲) : 쌍륙이나 노름, 도박을 이르는 말로, 옛날에 가죽나무의 열매로 주사위를 만들었다는 데서 나온 말. *등희(等戲) : ~등의 노름. *인퇴(引退) : 물러남. *준순(逡巡) : 뒷걸음질침. 후퇴함. *창기(娼妓) : 손님을 잠자리에 모시는 것을 업으로 삼아 노는 계집. 갈보. 기생. *피거(避去) : 피하여 감. *치(値) : 만남. 당함. *존장(尊長) : 웃어른. *강류(強留) : 억지로 만류함. 굳이 만류함. *정용청심(整容淸心) : 용모를 단정히 하고 마음을 맑게 가짐. *간성난색(奸聲亂色) : 간사한 음성과 음란한 기색. *간(干) : 여기에서는 범한다는 뜻. *침취(沈醉) : 빠지도록 취함. 몹시 취함. *적중(敵中) : 알맞음. *협흡(浹洽) : 두루 미침. 여기서는 술의 취기가 얼큰함을 이름. *훤화(喧譁) : 떠들썩하게 시끄러움. *안상(安詳) : 안정되고 세심함. *조솔(粗率) : 거칠고 경솔함. 정세하지 못함. *응사(應事) : 일을 감당함. *수렴(收斂) : 여기서는 몸을 단속함. 근신함. 정신을 차림. *분기(紛起) : 복잡하게 일어남. *성성(惺惺) : 스스로 경계하여 깨닫는 모양. *

온매(昏昧) . 어리석음. *직내(直内) . 마음속을 바르게 함. *처유어현(處幽如顯) : 깊숙한 곳에 있더라도 드러난 곳에 있는 것같이 함. *처독여중(處獨如衆) : 혼자 있더라도 여럿이 있는 것같이 함. *청천백일(靑天白日) : 말끔히 갠 날. 심사가 명백하여 조금도 은폐하거나 의혹 받는 것이 없음. 혐의 또는 원죄가 풀림. *저의(底意) : 마음속.

[大意]

여기에서는 글자 그대로 자신의 몸을 가지는 데 필요한 중요한 덕목을 설명했다.

몸을 올바로 갖는다는 것은 입지(立志)에 못지않게 중요한 일이며, 어떻게 생각해 보면 오히려 입지보다도 더욱 중요한 것일 수도 있다. 다시 말해서 자신의 몸을 가지는 데 필요한 중요한 덕목은 황면재(黃勉齋)가 말한, 진실한 마음가짐과 공부에 힘쓰라는 두 마디의 말이 그 뜻을 다하였다고 할 것이다.

배우는 사람은 항상 일찍 일어나고 늦게 자며, 의관을 반드시 바르게 하고, 얼굴빛을 반드시 엄숙하게 하고, 바르게 앉아야 하고, 걸음걸이를 조용히 하며 조촐하게 해야 하고, 말을 조심하고 삼가서 일동일정을 소홀히 하여 지나쳐 버릴 수는 없다.

몸과 마음가짐에는 구용(九容)보다 절실한 것이 없고, 학문을 발달시키고 지혜를 더하는 데는 구사(九思)보다 절실한 것이 없다. 소위 구용이라는 것은 발걸음을 무겁게 깃는 것, 손을 공손히 하는 것, 눈을 단정히 뜨는 것, 입을 신중히 다무는 것, 목소리를 조용히 하는 것, 머리를 똑바로 하는 것, 숨소리를 맑게 하는 것, 서 있는 모습을 의젓하게 하는 것, 얼굴빛을 장엄하게 갖는 것이다.

또 구사라는 것은 볼 때는 밝게 보기를 생각하는 것, 들을 때에는 똑똑하게 듣기를 생각하는 것, 얼굴빛을 온화하게 가질 것을 생각하는 것, 용모는 공손하게 가질 것을 생각하는 것, 말은 참되게 하기를 생각하는 것, 일은 공경히 할 것을 생각하는 것, 의심스러운 것은 묻기를 생각하는 것, 성이 날 때에는 곤란한 때를 생각하는 것, 재물이 생기게 되면 의로운가를 생각하는 것이다. 항상 구용과 구사로 마음가짐을 갖고, 그 몸가짐을 살펴서 잠깐 동안이라도 함부로 하면 안 된다. 또 이것을 앉는 자리의 모퉁이에 써 붙여 두고 때때로 눈여겨보아야 한다.

예의가 아니거든 보지 말고, 예의가 아니거든 듣지 말며, 예의가 아니거든 말하지 말고, 예의가 아니거든 움직이지 말 것이니, 이 네 가지는 몸을 닦는 요점이다. 처음 배우는 사람은 예의와 예의가 아닌 것을 분별하기 어려우니, 반드시 이치를 연구하여 밝혀서, 아는 데로 노력하여 행하면 생각이 이미 반을 넘었다고 할 수 있다.

학문을 하는 것이 일상생활과 일을 하는 사이에 있는 것이다. 만약 평상시에 거처를 공손히 하고, 하는 일을 공경히 하고, 남과 너불어 성실하면 이것을 곧 공부한다고 할 것이니, 책을 읽는 것은 이런 이치를 밝히고자 하는 것일 뿐이다.

의복은 추위를 막는 것이라 화려하거나 사치한 것은 옳지 않고, 음식은 굶주림을 달래는 것이라 맛있는 것을 찾는 것은 옳지 않으며, 거처는 편안한 것은 옳지 않으니 병들지 않으면 되는 것이다. 오직 학문에 힘쓰고 마음씨를 바르게 하며 엄숙한 몸가짐을 지키기에 날로 애써야 한다. 노력하되 스스로 만족해할 수 없다. 스스로 자신을 이기는 공부가 일상생활에서 가장 중요한 것이다.

자신이 좋다는 것은 스스로 좋아하는 것이 하늘의 이치에 맞지 않다는 것을 말한다. 부디 자신의 마음을 잘 살펴서 여자를 좋아하는가, 이재(理財)를 좋아하는가, 명예를 좋아하는가, 벼슬을 좋아하는가, 안일함을 좋아하는가, 잔치를 베풀고 즐기기를 좋아하는가, 진기한 보배를 좋아하는가를 알아야 한다. 만일에 여러 가지 좋아하는 것이 이치에 맞지 않다면, 모두 단호히 끊어서 싹과 뿌리를 남겨 놓지 않아야 자신의 마음이 좋아하는 것이 비로소 옳은 것으로 되어서 자신을 이길 수 있는 것이 없을 것이다.

말이 많고 쓸데없는 생각이 많은 것이 가장 마음에 해롭다. 일이 없으면 조용히 앉아서 마음을 가라앉혀야 마땅하고, 사람을 접하면 당연히 말을 가려서 간결하고 신중하게 하라. 때에 맞추는 말은 말이 간략하지 않을 수 없다. 말이 간결하다는 것은 깨달음에 가까운 것이다.

선왕의 도리에 맞는 옷이 아니면 입지 말고, 선왕의 도리에 맞는 말이 아니면 말하지 않으며, 선왕이 마련한 덕행이 아니면 감히 행하지 않는다. 이것은 마땅히 죽을 때까지 잘 지켜 잠시도 잊지 않아야 한다.

공부를 하는 사람은 오로지 학업의 길로만 향할 것이요, 바깥 사물에 유혹되면 안 되며, 바깥의 사물이 바르지 못한 것이라면 모두 마음에 두지 말아야 마땅하다. 동네 사람들이 모인 곳에서 쌍륙이나 바둑 등의 노름판을 벌이고 있으면 눈여겨보지 말고 물러가는 것이 마땅하며, 창기(娼妓)가 노래를 부르고 춤을 추는 것을 보거든 반드시 피해서 가야 한다.

만일 향중(鄕中)의 큰 모임에서 혹시라도 웃어른이 피해 물러날 수 없게 굳이 만류하면, 비록 그 자리에 있을지라도 용모를 단정히 하고 마음을 맑게 가져서 간사한 소리나 음란한 기색에 마음이 빠져서는 안 되고, 잔치에 임하여 술을 마시되 취하도록 마시지 말고 얼큰할 정도면 그만 마시는 게 옳다. 모든 음식은 정도에 맞게 먹어야 하고 입에 맞는다고 기운을 상하게 해서는 안 된다.

말과 웃음은 마땅히 간단하고 신중해야 한다. 시끄러워서 그 절도를 벗어나면 안 되고, 행동거지는 안정되고 세심해야 마땅하며, 거칠게 해서 그 몸가짐을 그르치면 안 된다. 일이 있거든 사리(事理) 있게 일을 감당하고, 책을 읽거든 성실하고 깊게 문리(文理)를 연구해야 한다. 이 두 가지를 제외하고는 조용히 정좌(正坐)하여 마음을 다지고, 적요함으로 복잡한 생각을 없게 하며, 스스로 경각하여 어리석은 실수가 없게 하는 것이 옳다. 소위 공경해서 마음속을 바르게 한다는 것이 바로 이와 같은 것이다.

신심(身心)을 바르게 하여 표리(表裏)가 한결같아서 아무리 깊숙한 곳에 있어도 드러난 곳에 있는 것같이 해야 마땅하고, 혼자 있어도 여럿이 있는 것같이 하며, 남들로 하여금 마음이 명백하여 조금도 숨기거나 흔들림이 없는 자신을 볼 수 있도록 할 것이다. 천하를 얻는다고 할지라도, 한 가지의 불의를 행하고 한 사람이라도 죄 없는 사람을 죽이면 안 된다는 것을 마음속 깊이 생각해서 이것을 가슴속에 늘 품고 있어야 한다.

마음을 바르게 하여 품행을 닦음으로써 그것을 근본으로 삼고, 사리를 깊이 연구함으로써 선을 밝히고, 노력하여 행함으로써 그 진실을 실천한다는 이 세 가지는 죽을 때까지 해야 할 일들이다.

마음에 조금도 사사로움이 없고 공경하지 않음이 없다는, 오직 이 두 구절만은 일생 동안 받아써도 부족할 것이다. 이것을 벽 위에 써서 붙여 놓고 잠시라도 잊지 않아야 마땅하다.

날마다 자주 자신의 몸을 돌이켜 꼼꼼히 반성해 보아서 마음이 올바른가, 학문이 진보되는가, 바른 행실을 하도록 애를 쓰는가를 살핀다. 만일 이 세 가지 중에 한 가지라도 잘못이 있으면 이것을 고치도록 하고, 잘못이 없어도 더 노력해야 하며, 게을러지지 않도록 해서 자신의 몸이 죽고 나면 그만두어야 한다.

'열린 마음'

'인생을 살아가면서 나는 한 가지 분명한 사실을 알았다. 열린 마음을 잃지 않는 것이야말로 무엇보다 중요하다는 것이다. 열린 마음은 사람에게 가장 귀중한 재산이 된다.'

이스라엘의 현대 철학자인 마틴 부버의 저서 〈나와 너〉에 나오는 말이다.

그의 근본 사상은 인간과 다른 존재와의 만남이었는데, 1923년 발표한 〈나와 너〉에서 신과 인간의 만남을 철학적으로 전개했다.

열린 마음이라는 것은, 알기 쉽게 닫힌 마음의 반대 개념이다. 즉 타인과의 대화나 교감의 통로를 열어놓지 않았을 때는 자신의 자아는 독단적이거나 폐쇄적인 것으로 되고 만다.

모든 타의 것을 받아들인다는 것은 그것이 부정적인 것이든 긍정적인 것이든 일단은 자기에게 유익하다. 긍정적인 것은 말할 것도 없겠으나, 부정적인 것조차도 자신의 가치 판단에 도움을 주기 때문이다.

물론 부버는 나와 너에서 인간과 신과의 관계에 있어서의 열린 마음에 대해 이야기했지만, 그것은 사람과 사람 사이의 관계에서도 마찬가지이다. 나와 너와의 관계, 그것은 상호 열린 마음일 때에만 서로에게 유익한 교감이 이루어진다는 것이다.

올바른 몸가짐에는 다음과 같은 아홉 가지가 있다.

첫째, 족용중(足容重) - 발을 무겁게 할 것. 처신을 가볍게 하지 말라는 말이다. 발을 디뎌야 할 곳과 디디지 말아야 할 곳을 구분할 줄 알라는 것이다.

둘째, 수용공(手容恭) - 손을 공손히 할 것. 인간은 손을 쓰는 존재다. 그런데 손이 잘못 쓰이면 성희롱도 되고 뇌물수수도 되지만, 손을 제대로 쓰면 누군가를 도와주는 일이 된다. 은막의 여왕이자 세기의 연인이었던 오드리 헵번은 말년에 아프리카의 아이들을 돌보며 이렇게 말했다. '손이 두 개인 까닭은 한 손으론 자신을 돕고, 다른 한 손으론 타인을 돕기 위한 것이다.'라고.

셋째, 목용단(目容端) - 눈을 단정히 할 것. 단정한 눈에는 세상을 꿰뚫어 보는 힘이 있다. 1992년 초, 덩샤오핑은 노구를 이끌고 중국 남부 지방을 순회하며 행한 담화, 즉 '남순강화(南巡講話)'를 통해 '이대로의 걸음으로 100년을 가자!'고 말했다. 나아갈 방향을 분명히 본 것이다. 제대로 볼 줄 알아야 제대로 펼칠 수 있다.

넷째, 구용지(口容止) - 입을 함부로 놀리지 말 것. 물고기가 입을 잘못 놀려 미끼에 걸리듯, 사람도 입을 잘못 놀려 화를 자초하는 법이다. '입 구(口)'자 세 개가 모이면 '품(品)'자가 된다.

지고로 입을 꼭 단속하는 것이 품격의 기본이다.

다섯째, 성용정(聲容靜) - 소리를 정숙히 할 것. 언제부터인가 우리 사회는 목소리 큰 사람이 이기는 것으로 되어 버렸다. 자고로 소리 요란한 것 치고 제대로 된 것이 없다.

여섯째, 기용숙(氣容肅) - 기운을 엄숙히 할 것. 우리는 예외 없이 세상 속에서 기 싸움을 하고 있다. 기 싸움은 무조건 기운을 뻗는 것이 아니다. 기운은 적절하게 제어되어야 한다. 그것이 기본이다.

일곱째, 두용직(頭容直) - 머리를 곧게 세울 것. 지금 우리 주변에는 고개를 숙이는 사람이 너무나 많다. 일하고 싶지만 일할 곳을 못 찾아 고개를 숙이는 젊은이들. 간신히 붙어는 있지만, 언제 잘릴지 몰라 전전긍긍하는 고개 숙인 중년들. 하지만 다시 고개를 들고 하늘을 보라. 아직 끝이 아니다. 끝인 듯 보이는 거기가 새 출발점이다.

여덟째, 입용덕(立容德) - 서 있는 모습이 덕이 있게 할 것. 덕이 있게 서 있다는 것은 서 있을 자리와 물러설 자리를 아는 것이다. 진퇴를 분명히 하는 것이다. 아무리 자리를 차지하고 서 있어도 옹색한 사람이 있고, 자리에서 물러나도 당당한 사람이 있다.

아홉째, 색용장(色容莊) - 낯빛을 씩씩하게 할 것. 사람의 얼굴에 화색이 돌게 하려면 무엇보다도 경제적으로 어렵지 않아야 한다. 하지만 힘들다고 찡그리면 정말로 찌그러진다. 어렵나고 찡그리지 말고 애써 일굴 펴고 웃자. 긍정과 낙관이 부정과 비관을 이긴다.

사랑은 언제나 가장 가까운 관계에서 출발한다. 그러나 사랑은 언제나 가까운 사람과의 관계 안에만 머물러서는 안 된다. 우리가 부단히 사랑이라는 도덕 감정을 친구와 이웃, 그리고 낯선 사람과 이방인에게까지 확대하여 나아갈 때 우리 사회는 좀 더 따뜻하고 열린사회가 될 것이다.

4. 독서장(讀書章)

學者　常存此心　不被事物所勝　而必須窮理明善然
학자　상존차심　불피사물소승　이필수궁리명선연

後　當行之道　曉然在前　可以進步　故入道　莫先
후　당행지도　효연재전　가이진보　고입도　막선

於窮理　窮理　莫先乎讀書　以聖賢用心之跡　及善
어궁리　궁리　막선호독서　이성현용심지적　급선

惡之可效可戒者　皆在於書故也　凡讀書者　必端拱
악지가효가계자　개재어서고야　범독서자　필단공

危坐　敬對方冊　專心致志　精思涵泳(涵泳者熟讀
위좌　경대방책　전심치지　정사함영　함영자숙독

深思之謂)　深解義趣　而每句　必求踐履之方　若口
심사지위　심해의취　이매구　필구천이지방　약구

讀而心不體　身不行　則書自書　我自我　何益之有
독이심불체　신불행　즉서자서　아자아　하익지유

先讀小學於事親　敬兄　忠君　弟長　隆師　親友之道
선독소학어사친　경형　충군　제장　융사　친우지도

一一詳玩　而力行之　次讀大學及或問　於窮理　正
일일상완　이역행지　차독대학급혹문　어궁리　정

心　修己　治人之道　一一眞知而實踐之　次讀論語
심　수기　치인지도　일일진지이실천지　차독논어

於求仁　爲己　涵養本原之功　一一精思　而深體之
어구인　위기　함양본원지공　일일정사　이심체지

次讀孟子　於明辨義利遏　退人慾　存天理之說　一一
차독맹자　어명변의리알　퇴인욕　존천리지설　일일

明察 而擴充之 次讀中庸 於性情之德推致之功 位
명찰 이확충지 차독중용 어성정지덕추치지공 위

育之妙 一一玩索 而有得焉 次讀詩經 於性情之邪
육지묘 일일완색 이유득언 차독시경 어성정지사

正善惡之褒戒 一一潛繹 感發而懲創之 次讀禮經
정선악지포계 일일잠역 감발이징창지 차독예경

於天理之節文 儀則之度數 一一講究 而有立焉
어천리지절문 의즉지도수 일일강구 이유입언

次讀書經 於二帝三王 治天下之大經大法 一一領
차독서경 어이제삼왕 치천하지대경대법 일일영

要 而遡本焉 次讀易經 於吉凶 存亡 進退 消長
요 이소본언 차독역경 어길흉 존망 진퇴 소장

之幾 一一觀玩 而窮研焉 次讀春秋 於聖人 賞
지기 일일관완 이궁연언 차독춘추 어성인 상

善 罰惡 抑揚 操縱之微辭奧義 一一精研 而契
선 벌악 억양 조종지미사오의 일일정연 이계

悟焉 五書五經 循環熟讀 理會不已 使義理 日
오언 오서오경 순환숙독 이회불이 사의리 일

明 而宋之先正所著之書 如近思錄 家禮 心經
명 이송지선정소저지서 여근사록 가례 심경

二程全書 朱子大全 語類 及他性理之說 宜間間
이정전서 주자대전 어류 급타성리지설 의간간

精讀 使義理 常常浸灌吾心 無時間斷 而餘力
정독 사의리 상상침관오심 무시간단 이여력

亦讀史書 通古今 達事變 以長識見 若異端雜類
역독사서 통고금 달사변 이장식견 약이단잡류

不正之書　則不可頃刻披閱也　凡讀書　必熟讀一冊
부정지서　　즉불가경각피열야　　범독서　　필숙독일책

盡曉義趣　貫通無疑然後　及改讀他書　不可貪多務
진효의취　관통무의연후　급개독타서　불가탐다무

得　忙迫涉獵也
득　망박섭렵야

공부를 하는 사람은 항상 그 마음을 학문에 두어 다른 사물에 현혹이 되면 안 되고, 반드시 사리를 깊이 연구하고 선을 밝혀야 하며, 그러고 나면 마땅히 나아갈 길이 환히 앞에 나타나서 이것으로 실력이 차차 발전해 나아가게 될 것이다.

그래서 공부하는 길로 들어가는 것은 사리를 궁구하는 것보다 먼저 할 것이 없고, 사리를 궁구함에는 책을 읽는 것보다 먼저 할 것이 없다. 성인과 현인이 마음을 쓴 자취와, 선과 악에 있어서 본받아야 할 것과, 경계하여야 할 것이 모두 책 속에 씌어 있기 때문이다.

대체로 책을 읽는 사람은 반드시 팔짱을 끼고 똑바로 단정하게 앉아서 공경히 책을 대하여 마음을 집중하고 뜻을 다하며, 자세히 생각하고 넓게 살펴서 깊은 뜻을 이해하여 구절마다 반드시 실천하는 방법을 탐구해야 한다. 만일에 입으로만 읽을 뿐 마음으로 체득하지 못하고 몸으로 실행하지 못하면, 책은 책대로 나는 나대로일 것이니, 무슨 소득이 있겠는가?

책은 먼서 〈소학〉을 읽어서, 부모를 효도하며 섬기고, 형을 공경하며 섬기며, 임금을 충성하며 섬기고, 어른을 공경하며 섬기며, 스승을 존경하며 섬기고, 벗을 친함으로 사귀는 도리를 하나씩 자세하게 익혀서 힘써 이것들을 실행해야 한다.

다음으로는 〈대학(大學)〉과 〈대학혹문(大學或問)〉을 읽어서, 사리를 깊이 연구하고, 마음을 바르게 갖고, 몸을 닦고, 남을 다스리는 도리 등을 하나하나 참되게 알고 성실히 실천할 것이다.

다음에는 〈논어(論語)〉를 읽어서, 인(仁)을 구하고, 자신을 위하고, 본원(本源)의 학식을 두루 넓혀 심성(心性)을 닦음에 있어서 하나씩 세밀하게 생각하여 깊이 이것을 체득해야 한다.

다음에는 〈맹자(孟子)〉를 읽고, 의리와 이익을 명확히 판별하고, 사람의 욕심을 억제하며, 천리(天理)가 있다는 주장에 있어서 하나씩 밝히고 살펴 이것을 더욱 넓혀서 충실히 해야 한다.

다음에는 〈중용(中庸)〉을 읽고, 성심의 덕과 사물의 이치를 밝히는 공과, 천지가 제 위치에 있어서 만물이 화육(化育)되는 미묘한 이치에 대하여 글의 뜻을 하나씩 곰곰이 생각하여 찾아 얻도록 해야 한다.

다음에는 〈시경(詩經)〉을 읽고, 성정(性情)의 사곡(邪曲)과 정직(正直)과, 선악(善惡)의 칭찬과 징계(懲戒)에 관하여 일일이 느껴서 이를 거두어 주의해야 한다.

다음에는 〈예기(禮記)〉를 읽어서, 천지자연의 이치와, 사리에 따다 징애진 조리와, 사림이 지거야 힐 법이 징힌 제도에 대히여 좋은 방법을 궁리해서 이루어질 수 있게 해야 한다.

다음에는 〈서경(書經)〉을 읽고 사람이 지켜야 할 법칙을 낱낱이 강구하여 이루어질 수 있게 해야 할 것이다.

다음에는 〈주역(周易)〉을 읽고, 길흉(吉凶)과 존망(存亡), 진퇴(進退), 소장(消長)의 기미에 대하여 하나씩 자세히 관찰하고 깊이 연구해서, 그것을 통하여 윤리와 도덕을 알 수 있도록 할 것이다.

다음에는 〈춘추(春秋)〉를 읽어서, 성인의 선행을 한 사람에게는 상을 주고, 악행을 한 사람에게는 벌을 주며, 혹은 억제하고 혹은 찬양하며, 마음대로 처리하는 완곡한 말과 깊은 뜻에 관하여 하나씩 자세히 연구해서 잘 깨우치도록 해야 한다.

오서오경(五書五經)을 번갈아 숙독해서 이해하도록 하고 뜻과 이치를 날로 밝혀서, 송(宋)나라 선현(先賢)들의 저서인 〈근사록(近思錄)〉, 〈주자가례(朱子家禮)〉, 〈심경(心經)〉, 〈이정전서(二程全書)〉, 〈주자대전(朱子大全)〉, 〈주자어류(朱子語類)〉와 그 밖의 성리(性理)의 학설을 틈나는 대로 정독하여 항상 뜻과 이치가 내 마음에 젖어들게 할 것이며, 남은 힘이 있으면 또한 역사에 관한 책을 읽어서 옛날과 지금을 통달하고, 사물의 변화를 익혀 이로써 학식과 견문을 발전시킨다. 이단(異端)인 잡서류(雜書類)의 바르지 못한 책은 잠깐이라도 펴 보아서는 안 된다.

대개 글을 읽는 데에는 반드시 한 책을 숙독하여 그 뜻을 모두 깨달아 통달하여 의문이 없는 다음에 비로소 딴 책을 읽어야 한다. 많이 읽는 데 욕심이 나서 그것에서 얻을 것을 애를 써서 바쁘게 여러 책을 이것저것 읽어서는 안 될 것이다.

[訓讀]
*曉 : 새벽 효. *效 : 본받을 효. *隆 : 클 륭. *涵 : 젖을 함. *遏 : 막을 알. *褒 : 기릴 포. *潛 : 자맥질할 잠. *擴 : 넓힐 확. *庸 : 쓸 용. *推 : 옮을 추. *操 : 잡을 조. *縱 : 늘어질 종. *微 : 작을 미. *奧 : 속 오. *精 : 쓿은쌀 정. *披 : 나눌 피. *閱 : 검열할 열.

[語釋]
*효연(曉然) : 요연(瞭然). 환한 모양. *입도(入道) : 학문의 길로 들어감. *막선어궁리(莫先於窮理) : 사리를 깊이 연구하는 것보다 먼저 할 것이 없음. *가효가계자(可效可戒者) : 본받아야 하고 경계하여야 할 것. *단공위좌(端拱危坐) : 단정히 팔짱을 끼고 똑바로 앉음. *방책(方册) : 책. *전심치지(專心致志) : 마음을 다하고 뜻을 극진히 함. *정사함영(精思涵泳) : 자세히 생각하고 두루 살핌. 涵泳은 헤엄을 친다는 뜻으로, 전하여 두루 살핀다는 뜻. *심해의취(深解義趣) : 깊이 뜻을 이해함. *필구천리지방(必求踐履之方) : 꼭 실천하는 방법을 탐구함. *서자서아자아(書自書我自我) : 책은 책대로 나는 나대로. *하익지유(何益之有) : 무슨 이익이 있겠는가? *상완(詳玩) : 자세히 익힘. *혹문(或問) : 주자의 대학혹문. 어떤 사람

의 붉늚에 대하여 대납하는 형식으로 해설한 것. *함양(涵養) : 학식을 넓혀서 심신을 닦음. *명변(明辨) : 명확히 판별함. *확충지(擴充之) : 확대하여 충실하게 함. *추치(推致) : 사물의 이치를 궁구함. *위육(位育) : 천지가 바른 위치를 찾고 만물이 화육함. *완색(玩索) : 글의 뜻을 곰곰이 생각하여 찾음. *사정(邪正) : 사곡(邪曲)과 정직(正直). *포계(褒戒) : 기리고 징계함. *잠역(潛繹) : 깊이 궁구함. *징창(懲創) : 징계. 자기 스스로 과거에 당한 일을 돌아보아 뉘우치고 경계함. *천리(天理) : 천지자연의 이치. *절문(節文) : 적절히 꾸며 훌륭하게 함. 또 사리에 따라 정한 조리. *의칙(儀則) : 사람이 지켜야 할 법칙. *도수(度數) : 여기서는 정한 제도. *유립(有立) : 이루어짐이 있음. *이제삼왕(二帝三王) : 二帝는 당요(唐堯)와 우순(虞舜) 두 임금과, 三王은 하나라의 우왕, 은나라의 탕왕, 주나라의 문왕과 무왕을 통틀어 이르는 말. 문왕과 무왕은 부자(父子)이므로 한 사람으로 친다. *대경대법(大經大法) : 공명정대한 원리와 법칙. *영요(領要) : 요령. *소본(遡本) : 근본으로 거슬러 올라감. *소장지기(消長之幾) : 쇠하여 줄어감과 성하여 늘어감의 기미. *상선(賞善) : 선을 기리어 상을 줌. *벌악(罰惡) : 악을 저주하여 벌을 줌. *억양(抑揚) : 혹은 누르고 혹은 찬양함. *미사(微辭) : 은근히 돌려서 말하는 언어나 문자, 완곡한 말. *오의(奧義) : 깊은 뜻. *정연(精研) : 자세히 연구함. *계오(契悟) : 잘 깨달음. *순환숙독(循環熟讀) : 돌려가며 익숙하게 읽음. *이회불이(理會不已) : 理會는 理解와 같아 깨달아 아는 것, 不已는 마지않음. *의리(義理) : 뜻과 이치. *송지선정(宋之先正) : 先正은 선철(先哲)이나 선현(先賢)과 같은 뜻으로, 송나라의 바르고 어진 사람을 일컬음. *피열(披閱) : 펼쳐봄. *성리지설(性理之設) : 性命과 理氣의 관계를 설명한 유교 철학. *침관(浸灌) : 물을 댐. *사변(事變) : 사물의 변화. *식견(識見) : 학식과 견문. *경각(頃刻) : 잠깐 동안. *이단잡류(異端雜類) : 유교에서 유교 이외의 모든 학설이나 책에 대해 일컫는 말. *진효(盡曉) : 모두 깨달음. *의취(義趣) : 뜻과 뜻이 나가는 것. *섭렵(涉獵) : 여러 가지 책을 널리 읽음. 여러 물건을 구하려고 널리 돌아다님.

[語釋]

　독서장에서는 공부하기 위하여 읽어야 할 책의 순서에 대해서 자세하게 설명하고 있다.

　글을 읽는 것은 얼마나 중요한 일인가? 학문을 한다는 것은 얼마나 소중한 것인가? 이 글들에서 보면 입신(立身)을 하고 이름을 빛내며, 더 나아가서 군자가 되는 길은 오직 학문밖에 없다고 말했다. 학문을 하지 않고서는 입신을 한 사람이 없듯이 학문을 외면하고서 이름이 빛나고 군자가 되었다고 하는 말은 일찍이 들은 일이 없다. 독서, 즉 책을 읽는 즐거움은 옛날부터 문화생활의 커다란 즐거움 중 하나로 간주되어 왔으며, 그 특권을 누리지 못한 사람들로부터 오늘날에도 존경과 부러움을 사고 있다. 이것은 책을 읽는 사람과 책을 읽지 않는 사람의 생활을 비교하면 쉽게 수긍이 되는 일이다.

평소에 책을 읽지 않는 사람은 시간적으로도 자기만의 세계에 얽매어 있다. 그 생활은 판에 박은 것처럼 빤한 것이다. 그 사람이 만나고 함께 이야기를 나누는 사람들은 극히 적은 몇몇의 친구나 아는 사람들뿐이다. 그 사람이 보고 듣는 것은 거의 모두가 자기 신변의 조그만 일에 한정되어 있으며, 그 얽매임에서 피할 길이 없다. 그러나 한 번 책을 대하면 그 즉시 세계 제일의 이야기꾼과 만나는 것이 된다. 이 이야기꾼은 책을 읽는 사람을 데리고 먼 별천지의 세계나 먼 옛날로 여행을 떠난다. 그래서 괴로운 사람의 마음을 가볍게 해주기도 하고, 또는 독자 자신이 일찍이 알지 못하던 인생의 모든 문제를 가르쳐 주기도 한다.

흔히 세상에는 그 어떤 책을 읽으려고 할 때 환경이나 조건이 맞지 않는다고 불평하는 사람이 있다. 그러나 송나라의 대유(大儒) 구양수(歐陽修)는 삼상(三上)을 공부하기에 제일 좋은 곳이라고 말한 바 있다. 이 삼상은 침상(枕上)과 마상(馬上)과 측상(厠上)을 말하는데, 침상은 베개 위에서 하는, 즉 누워서 공부하는 것을 말한다. 마상은 말 위에서 하는, 즉 말을 타고 길을 가면서도 책을 읽는다는 것이다. 또 측상은 변소에서 하는, 즉 용변을 보려고 변소에 가서도 글을 읽는다는 말이다. 이렇게 사람은 책을 읽을 의지만 있다면 어느 때 어느 곳에서나 읽을 수가 있다고 했다.

주희(朱熹)는 또 학문을 전하는 글에서 이런 말을 했다. "아무리 가난할지라도 학문을 폐할 수는 없다. 반대로 아무리 부자라 할지라도 부자인 것을 믿고 학문을 게을리 해서는 안 된다. 가난해도 학업을 부지런히 해야 입신을 할 수가 있고, 부자라고 해도 학업에 부지런하면 이름이 빛나는 것이다. 내가 본 바로는 배우는 사람만이 이름이 나서 잘 살게 되고, 배우지 못한 사람은 종시 아무것도 이루지 못한다. 그래서 학문은 바로 자신의 몸을 빛내주는, 이 세상에서 가장 보배로운 것이다. 그렇기 때문에 배우면 비로소 군자가 되고, 배우지 않으면 소인이 되니, 후세에 학문을 하는 사람들은 마땅히 여기에 힘을 써야 한다.”

'배움'

'학문에는 왕도가 없다'

이 말은 유클리드가 한 말이다. 유클리드는 고대 그리스의 수학자이며, 에우클레이데스라고도 불린다.

그는 기하학 원본을 저술하여 수학 역사상 불멸의 업적을 남겼으나, 그의 생애와 인물에 대해서는 정확한 기록이 없다.

기하학은 고대 이집트에서 시작됐다고 하며, 토지 측량에 의한 도형 연구를 기하학의 기원으로 보고 있다.

영어에서 '지오미트리'라고 하는 것도 'geo'는 토지를, 'metry'는 측량을 뜻한다.

유클리드는 나일강의 범람을 측정하기 위해 당시 이집트의 왕 프토레마이 1세에게 초대되었는데, 그때 왕은 기하학의 방대한 내용에 입을 벌리며 좀 더 쉽게 배울 방법이 없느냐고 유클리드에게 물었다고 한다.

그러자, 그는 왕에게 '기하학에는 왕도가 없습니다.' 하고 대답했다는 것이다. 이 말이 후에 요령을 부리지 말고 오로지 학문에만 전념해야 한다는 의미로 쓰일 때의 격언으로써 '학문에는 왕도가 없다.'는 말로 바뀌었다.

우리나라 사람들은 일찍이 문화와 예술을 사랑하였다. 집을 나가서는 천하의 뜻 있는 벗들과 사귀고, 집에 들어와서는 옛 성현들의 책을 읽는 것을 미덕으로 여겨왔다.

신라시대에 관리를 등용할 때에는 그 사람의 독서 범위와 수준을 헤아려 인재를 등용하는 독서삼품과를 설치하여 독서를 권장하였다. 고구려에서는 태학이라는 고등교육기관을 두어 경학(經學 : 사서오경을 연구하는 학문)·문학 방면의 책을 강독하게 하였다.

고려시대에는 이미 우수한 종이를 만들고, 세계 최초로 금속 활자를 만드는 등의 인쇄술이 발달하여 많은 책들을 간행하였다. 성종 때는 수서원(修書院 : 학교와 도서관을 겸한 기관)을 창설하고 역사책을 등사하고 소장하게 하여 열람하도록 하였다.

개성에는 비서각(秘書閣)이라는 일종의 왕실도서관을 두어 수만 권의 책을 수집하고 보관하였다. 그러나 이 시대까지의 독서는 아직 귀족·관료·승려 등의 당시의 지배 계층에 한정된 것이었다. 일반 사람들에까지 보편화된 것은 아니었다.

우리나라에서 독서문화가 본격적으로 발전한 것은 성리학이 들어온 뒤의 일이다. 성리학적 이념으로 무장한 신흥 사대부 계층이 역사 담당 계층으로 성장해 간 고려 말과 조선 초에 이르러서였다.

이 사대부들은 박지원(朴趾源)이 '독서를 하면 사(士)요, 정치에 종사하면 대부(大夫)이다.'라 지적한 바와 같이, 평소에는 유가 경전과 시문·사서(史書) 등을 읽으며 한문 교양을 쌓다가 기

회가 낮으며 성지 일선에서 활농하는 인물늘이었다. 그래서 이들 선비 계층은 주업이 독서였고, 독서를 통해 그들의 덕행과 학식을 쌓았던 것이다.

우리나라의 독서 문화는 유학과 밀접한 관련을 가지고 발전하였다. 이런 사정으로 해서 우리 선인들이 읽던 책들은 유가서가 대종을 이룰 수밖에 없었다. 그들의 독서 토론과 연구발표도 자연히 유가적 교육기관인 서당·서원·향교·성균관 등을 중심으로 해서 이루어졌다.

조선조는 유학을 건국이념으로 하고 역대의 임금들이 학문을 장려하였으므로, 중국으로부터 많은 서적이 수입되고, 국가적인 도서 편찬 사업이 활발히 추진되어 많은 책들이 출판되었다. 민간에서도 수많은 문집들과 사서들이 간행되었다.

또한, 집현전·홍문관·규장각 같은 일종의 도서관 시설이 설치되어 많은 문헌들을 수집하고, 정리 보관하여 당시 관료나 지식인들이 열람할 수 있게 함으로써 독서 문화를 찬란히 꽃피웠다.

고려 말에 등장해서 조선 초기에는 완전히 정치 담당 계층으로 성장한 양반 사대부들은 대부분 지방의 중소 지주 출신이었다. 이들은 경제적 기반 위에서 독서를 통한 유가 교양을 쌓으면서 관직으로 나갈 것을 꿈꾸었다.

양반 사대부들 가운데에 관료사장파(官僚詞章派) 지식인들은 젊을 때에는 청운의 뜻을 품고 과거공부에 몰두한다. 그리고 관계에 진출해서 실무를 맡게 되면 외교와 경국(經國 : 나라를 다스림)에 필요한 책들을 읽게 된다. 그래서 관료 사장파 지식인들의 독서 목적은 입신양명과 국가적 이익추구라는 실리적인 것이 될 수밖에 없었다.

그러나 당시의 독서가 모두 그러한 목적을 띤 것은 아니었다. 인재 양성과 미래를 위한 준비라는 기능을 지니기도 하였다. 그러한 사례로서 우리는 세종 때의 사가독서제(賜暇讀書制)를 들 수 있다.

세종 때에 행해지던 사가독서제는 인재를 기르고 문풍(文風)을 떨쳐 일으킬 목적으로 생겼다. 양반 관료 지식인 가운데에서 총명하고 젊은 문신들을 뽑아 여가를 주고 국비를 주어, 독서에 전념하게 하는 제도이다.

문신으로 하여금 서적을 열람하도록 해서 제왕의 고문에 응하게 하는 제도는 중국에도 있었다. 그러나 조정에서 총명하고 젊은 인재를 뽑아 그들에게 여가를 주고 글을 읽게 하여 뒷날에 크게 쓸 바탕을 갖추게 하는 제도는 세종 때에 처음으로 시행된 것이다.

성종 때에 용산 폐사(廢寺)에 독서당을 설치한 뒤로는 독서 장소가 고정되었다. 이에 따라 독서저작(讀書著作 : 책을 읽는 것과 글을 짓는 것)의 규례(일정한 규칙과 정하여진 관례)도 확립하게 되었다.

양반 사대부들 가운데에 사림도학파 지식인들은 학문을 할 때에는 도에 뜻을 두고, 인격을 수양할 때에는 유가의 성인을 본받으려고 하였다. 그들은 독서를 할 때에도 성현의 뜻을 헤아리는 데에 목적을 두었다. 성현의 말씀을 기준으로 해서 자연과 사물을 이해하고 사회와 인간의 모든 문제를 판단하려 하였다.

우리나라의 대표적인 유학자인 이황(李滉)은 '독서의 요체는 성현의 언행을 마음에 본받아서 조용히 찾고 가만히 익힌 뒤에라야 비로소 학문을 진전시키는 공력을 기를 수 있을 것이다. 만약 바쁘게 넘어가고 예사로 외기만 할 뿐이라면, 이것은 장구(章句 : 글의 장과 구를 아울러 이르는 말)를 들은 대로 말하는 나쁜 버릇에 불과하다. 비록 천 편을 다 외고 머리가 희도록 경(經)을 이야기한들 무슨 이익이 있겠는가.'라고 하였다. 경전을 익숙하게 읽어서 몸에 배도록 해야 한다. 만약 익숙하지 못하면 읽자마자 곧 잊어버리게 되어 마음에 남는 것이 없다고 하였다.

이황은 독서의 방법으로 책을 익숙하도록 읽는 방법을 권하였다. 그래야만 마음에 남는 것이 있으며 흐뭇한 맛이 있게 된다고 하였다. 그는 자기를 돌아보는 데에 있어서 가장 중요한 책으로 〈주자전서〉를 들었다.

이황은 자기의 독서법을 따라서 스스로 이 책을 충분히 이해하고 글귀를 자세히 알았다. 그래서 강론할 때에는 정확하게 이 책에 꼭꼭 들어맞아 마치 자기의 말을 외는 것처럼 하였다고 한다. 이와 같은 방법으로서 이황은 주자학을 발전적으로 계승하게 되었던 것이다.

이황과 함께 우리나라 유학사를 빛낸 이이(李珥)는 '도(道)에 들어가는 데는 이치를 깊이 연구하는 것보다 먼저 해야 할 것이 없다. 이치를 깊이 연구하는 데는 가장 먼저 해야 할 것이 독서이다.'고 하였다. 이것은 성현의 마음 쓴 자취와 선악의 본받을 만한 것과 경계할 만한 것이 모두 책 속에 있기 때문이라는 말이다.

무릇 독서를 하는 자는 반드시 단정하게 팔짱을 끼고 무릎을 꿇고 바르게 앉아 삼가 공경하는 자세로 책을 대해야 한다. 마음을 다하고 뜻을 극진히 하여 생각을 가려 정밀히 하며 숙독하고, 깊이 머금어 그 의미를 풀어내어 구절마다 반드시 그 실천할 방법을 구해야 된다고 하였다.

만약에 입으로만 읽고 마음으로 체득하지 못하고 몸으로 행하지도 못한다면, 글은 저대로 글일 뿐이요, 또한 나는 나대로 나일뿐으로 아무런 끼침이나 이익이 없게 된다고 하였다.

5. 사친장(事親章)

凡人 莫不知親之當孝 而孝子 甚鮮 由不深知父母
범인 막부지친지당효 이효자 심선 유불심지부모

之恩故也 天下之物 莫貴於吾身 而吾身 乃父母之
지은고야 천하지물 막귀어오신 이오신 내부모지

所遺也 今有遺人 以財物者 則隨其物之 多少輕重
소유야 금유유인 이재물자 즉수기물지 다소경중

而感恩之意 爲之深淺焉 父母 遺我以身 而擧天下
이감은지의 위지심천언 부모 유아이신 이거천하

之物 無以易此身矣(一本作 詩不云乎 父兮生我 母
지물 무이역차신의 일본작 시불운호 부혜생아 모

兮鞠我 欲報之德 昊天罔極 人子之受生 性命血肉
혜국아 욕보지덕 호천망극 인자지수생 성명혈육

皆親所遺 喘息呼吸 氣脈相通此身 非我私物 乃父
개친소유 천식호흡 기맥상통차신 비아사물 내부

母之遺氣也 故 曰 哀哀父母 生我劬勞) 父母之恩
모지유기야 고 왈 애애부모 생아구로 부모지은

爲如何哉 豈敢自有其身 以不盡孝於父母乎 人能恒
위여하재 기감자유기신 이부진효어부모호 인능항

存此心 則自有向親之誠矣 凡事父母者 一事一行
존차심 즉자유향친지성의 범사부모자 일사일행

母敢自專 必稟命而後行 若事之可爲者 父母 不許
모감자전 필품명이후행 약사지가위자 부모 불허

則必委曲陳達 頷可而後行 若終不許 則亦不可直遂
즉필위곡진달 함가이후행 약종불허 즉역불가직수

其情也 每日 未明而起 盥櫛衣帶 就父母寢所 下氣
기정야 매일 미명이기 관즐의대 취부모침소 하기

怡聲 問懊寒安否 昏則詣寢所 定其褥席 察其溫凉
이성 문오한안부 혼즉예침소 정기욕석 찰기온량

日間侍奉 常愉色婉容 應對恭敬 左右就養 極盡其
일간시봉 상유색완용 응대공경 좌우취양 극진기

誠 出入 必拜辭拜謁 今人 多是被養於父母 不能
성 출입 필배사배알 금인 다시피양어부모 불능

以己力 養其父母 若此奄過日月 則終無忠養之時也
이기력 양기부모 약차엄과일월 즉종무충양지시야

必須躬幹家事 自備甘旨然後 子職 乃修 若父母 堅
필수궁간가사 자비감지연후 자직 내수 약부모 견

不聽從 則雖不能幹家 亦當周旋補助 而盡力得 甘
불청종 즉수불능간가 역당주선보조 이진역득 감

旨之具 以適親口可也 若心心念念 在於養親 則珍
지지구 이적친구가야 약심심염념 재어양친 즉진

味 亦必可得矣 每念王延 隆冬盛寒 體無全衣 而
미 역필가득의 매념왕연 융동성한 체무전의 이

親極滋味 令人感歎流涕也 人家 父子間 多是愛
친극자미 영인감탄유체야 인가 부자간 다시애

逾於敬 必須痛洗舊習 極其尊敬 父母所坐臥處 子
유어경 필수통세구습 극기존경 부모소좌와처 자

不敢坐臥 所接客處 子不敢接私客 上下馬處 子不
불감좌와 소접객처 자불감접사객 상하마처 자불

敢上下馬 可也 父母之志 若非害於義理 則當先意
감상하마 가야 부모지지 약비해어의리 즉당선의

承順 毫忽不可違 若其害理者 則和氣怡色柔聲 以
승순 호홀불가위 약기해리자 즉화기이색유성 이

諫 反覆開陳 必期於聽從 父母有疾 心憂色沮 捨置
간 반복개진 필기어청종 부모유질 심우색저 사치

他事 只以問醫劑藥 爲務 疾止 復初 日用之間
타사 지이문의제약 위무 질지 복초 일용지간

一毫之頃 不忘父母然後 乃名爲孝 彼持身不謹 出
일호지경 불망부모연후 내명위효 피지신불근 출

言無章 嬉戲度日者 皆是忘父母者也 日月如流事親
언무장 희희도일자 개시망부모자야 일월여류사친

不可久也 故爲子者 須盡誠竭力 如恐不及可也 古
불가구야 고위자자 수진성갈력 여공불급가야 고

人詩曰 古人一日養 不以三公換 所謂愛日者 如此
인시왈 고인일일양 불이삼공환 소위애일자 여차

대체적으로 부모에게는 당연히 효도해야 한다는 것을 알면서도 효도하는 사람이 별로 많지 않은 것은, 부모의 은혜를 깊이 깨닫지 못하기 때문이다.

이 세상의 어느 물건도 자신의 몸보다 귀한 것은 없다. 곧 부모께서 주신 것이기 때문이다. 지금 남에게 재물을 주었다면 그 물건의 다소나 가치의 경중(輕重)에 따라서 그 은혜에 감사하는 마음도 이로 인하여 깊고 얕겠지만, 부모가 나에게 이 몸을 주셨으니 천하의 어떤 것이라도 이 몸을 바꿀 만한 것이 없을 것이다.

부모의 은혜가 어떤 것인데 감히 스스로 그 몸을 소유했나고 해서 그 부모에게 효도를 다하지 않을 수 있겠는가? 사람은 항상 이런 마음을 지닐 수 있으면 저절로 부모에게 향하는 정성이 생길 것이다. 대체적으로 부모를 섬기는 사람은 모든 일이나 모든 행실을 감히 제 맘대로 하지 말고, 반드시 부모의 명령을 받은 뒤에 해야 할 것이다. 만약에 해야 할 일이라도 부모가 허락하지 않는다면 반드시 자세한 설명을 해서 허락을 받은 뒤에 해야 할 것이다. 그래도 끝끝내 허락을 않는다면 곧이곧대로 자기 마음대로 이루려고 해서는 안 된다.

날마다 밝기 전에 일어나서 우선 세수하고 머리 빗고 의복을 제대로 입고, 부모의 잠자리에 나가서는 숨을 낮추고 음성을 부드럽게 하여 따뜻한지 추운지 편안한지 불편한지를 여쭈어 보고, 밤에는 부모의 잠자리에 가서 이부자리를 손보아 드리고 따뜻한지 서늘한지 보살피며, 낮 동안에 받들어 모실 적에는 항상 얼굴빛을 기쁘게 하고 태도를 부드럽게 하여 시중들기를 공경히 하고, 곁에서 봉양할 적에는 스스로 있는 정성을 극진히 하며, 밖에 나갈 적에는 꼭 절하여 고하고, 들어와서는 꼭 절하여 뵈어야 한다. 요즘 사람들은 부모에게 양육을 받고 자신의 힘으로 그 부모를 봉양하지 못하는 것이 흔하다. 만일 이처럼 덧없이 세월을 보낸다면, 끝내 정성껏 봉양할 때가 없을 것이다.

반드시 스스로 집안일을 주관하고 맛있는 음식을 장만한 다음에 자식의 도리를 하게 되는 것이다. 만일 부모가 굳이 들어주지 않아서 비록 집안일을 주관하지 못하더라도, 당연히 일을 주선하고 보조해서 힘을 다해 맛있는 음식을 장만함으로써 부모의 구미에 맞도록 하는 것이 옳다. 조금이라도 마음과 생각이 어버이를 섬기는데 있다면 맛있는 음식은 반드시 마련할 수 있을 것이다.

그리고 늘 왕연(王延 : 중국 前趙 때의 사람으로 효성이 지극했음.)이 추운 겨울에 걸칠 옷도 없으면서 어버이에게는 맛있는 음식을 마련해 드려서 사람들이 감탄하여 눈물을 흘리게 한 일을 생각하라.

일반적으로 흔히 사람들의 집에서 아버지와 아들 사이에 사랑이 공경보다 지나친데, 꼭 낡은 습관을 철저히 씻어 버리고 자식은 부모를 극진히 존경해야 한다. 부모가 앉고 눕는 곳에는 아들이 감히 앉거나 눕지 않으며, 부모가 말을 타고 내리는 곳에서 아들이 감히 말을 타고 내리지 않는 것이 옳다.

부모의 뜻하는 일이 만일 의리에 해가 되는 일이 아니라면, 마땅히 부모가 말씀하시기 전에 그 뜻을 받들어 잘 순종하고 조금이라도 소홀하여 어겨서는 안 된다. 만일 그것이 의리에 해로운 것이라면 화기 있고 즐거운 태도를 가지고 부드러운 목소리로 바르게 간하되, 그 뜻을 거듭 설명해서 반드시 이해하여 들어주게끔 할 것이다.

부모가 병이 나면 진심으로 걱정하고 염려하여 다른 일은 모두 제쳐놓고, 의사에게 묻고 약을 지어서 병을 고치는 데만 힘쓰고, 병이 나으면 여느 때와 같이 할 것이다. 일상생활에서는 잠깐 사이라도 부모를 잊으면 안 된다. 그래야 곧 효도를 하는 사람이라 할 수 있다. 그리고 자신의 몸가짐을 삼가지 않고 하는 말에 법도가 없으며 즐기고 노는 것으로 세월을 보내는 사람은 모두가 바로 부모를 잊어버린 사람이다.

  세월은 흐르는 물과 같아서 어버이를 섬기는 동안은 길지 못하다. 그러므로 사람의 자식은 모름지기 정성과 힘을 다하여 부모를 섬기되 만일 제대로 미치지 못할까 두려워함이 옳다. 옛사람의 시에 이르기를, 옛사람은 하루 동안 부모를 부양하는 일을 정승의 부귀한 지위와도 바꾸지 않는다고 했다. 이른 바 날을 아낀다고 하는 것은 이와 같은 것이다.

[訓讀]

*頷 : 턱 함. *怡 : 기쁠 이. *煜 : 빛날 욱. *詣 : 이를 예. *褥 : 요 욕. *侍 : 모실 시. *愉 : 즐거울 유. *婉 : 순할 완. *謁 : 아뢰올 알. *奄 : 가릴 엄. *滋 : 불을 자. *涕 : 눈물 체. *忽 : 소홀할 홀. *竭 : 다할 갈.

[語釋]

*막부지(莫不知) : 알지 못함이 없다, 알지 못하는 게 아니다, 즉 안다는 말. *심선(甚鮮) : 몹시 드물다. 없다 시피하다. 거의 없다. *감

은시의(感偲之意) : 은혜에 감사하는 마음. '거선하시물(擧大卜之物) : 천하의 모든 물건. *위여하재(爲如何哉) : 어떠한 것인데. *무감자전(毋敢自傳) : 감히 자기 마음대로 하지 마라. 감히 제 맘대로 하지 못함. *품명(稟命) : 상관의 명령을 받음. *함가(頷可) : 머리를 끄덕여 승낙함. *사지가위자(事之可爲者) : 일해야 할 것. 해야 할 일. *위곡진달(爲曲陳達) : 자세히 여쭘. 자세히 설명함. *직(直) : 곧이곧대로. *미명(未明) : 날이 아직 밝기 전. 날샐 녘. *관즐의대(盥櫛衣帶) : 세수하고 머리 빗고 옷을 제대로 갖추어 입음. *하기이성(下氣怡聲) : 숨을 낮추고 말소리를 부드럽게 함. *문욱한안부(問燠寒安否) : 따뜻한지 추운지 편안하지 불편한지를 여쭈어 봄. *혼즉예침소(昏則詣寢所) : 밤이면 잠자리에 이르러. *정기욕석(定其褥席) : 이부자리를 손보아 드림. *유색완용(愉色婉容) : 얼굴빛을 기쁘게 하고 태도를 부드럽게 함. *응대공경(應對恭敬) : 시중들어 공경함. *좌우취양(左右就養) : 곁에서 봉양해 드림. *출입필배사배알(出入必拜辭拜謁) : 밖에 나갈 적에는 반드시 절하고 고하며, 들어와서는 반드시 절하고 뵙는 것. *피양어부모(被養於父母) : 부모에게 양육됨. *충양(忠養) : 정성스럽게 봉양함. *간가사(幹家事) : 집안일을 다스림. 집안일을 주관함. *감지(甘旨) : 맛있는 음식. *심심(心心) : 항상 마음먹음. *염념(念念) : 항상 생각함. *융동(隆冬) : 추위가 대단히 심한 겨울. 한 겨울. 엄동. *유체(流涕) : 눈물을 흘리며 욺. 또 흘리는 눈물. *인가(人家) : 일반 사람의 집. *통세(痛洗) : 철저히 씻음. *상하마처(上下馬處) : 말을 타고 내리는 곳. *호

홀(홀忽) : 조금이라도. *유성(柔聲) : 음성을 무드러이 함. *화기이
색(和氣怡色) : 和氣는 온화한 기색, 화락한 마음, 怡色은 기뻐하는
빛. *개신(開陣) : 진술함. *심우(心憂) : 진심으로 걱정함. *색저(色
沮) : 마음에 내키지 않는 기색. 염려하는 기색. *문의제약(問醫劑
藥) : 의사에게 묻고 약을 조제함. *복초(復初) : 여느 때와 같이 함.
*일호지경(一毫之頃) : 잠깐 사이. *장(章) : 법도. 법. *희희(嬉戲)
: 즐거이 장난함. *도일(度日) : 세월을 보냄. *여공불급(如恐不及)
: 미치지 못할까 두려움. *삼공(三公) : 삼정승. *애일(愛日) : 하루
라도 남보다 더 많이 효도하려고 함.

[大意]
  사친장에서는 부모를 섬기는 도리, 즉 효도에 대해 말했다.
참으로 이 효도야말로 옛 성현의 말이 아니고라도 실제로 모든
행실의 근본이 되는 것이다.
  대체적으로 사람은 누구나 부모에게 효도하는 것이 마땅하
다는 것은 알면서도 실제로는 참된 효도를 하는 사람이 드물
다. 그것은 무엇 때문일까? 그것은 다름 아닌 부모의 은혜를
깊이 알지 못하기 때문이다.
  천하의 모든 물건 중에 자신의 몸보다 더 소중한 것이 없는
데, 이 몸은 부모가 준 것이다. 지금 남에게서 조금이라도 재물
을 얻었다면 그 재물의 많고 적음이나, 그 재물이 소중한지 않
은지에 따라서 그 사람의 은혜에 감사하는 마음도 다를 것이

다. 하물며 부모는 자신의 몸을 주었으니 천하의 모든 물건을 다 준다고 해도 이 몸과 바꿀 수는 없을 것이다.

이와 같은 부모의 은혜를 어떻게 하며, 감히 어떻게 자신이 나대로의 몸뚱이를 가졌다고 해서 부모에게 효성을 다하지 않을 수 있는가. 사람으로서 항상 이런 마음을 가지면 저절로 부모를 향한 정성이 있게 될 것이다.

부모를 섬기는 사람은 한 가지 일이나 한 가지 행동이라도 감히 제 맘대로 하지 못하고 반드시 부모에게 여쭌 뒤에 해야 한다. 만일 의당 해야 할 일이라도 부모가 이를 허락지 않으면 반드시 그 사유를 간곡하게 여쭈어서 승낙을 받은 뒤에 하도록 해야 하는데, 끝내 부모가 승낙하지 않더라도 역시 제 마음대로 해서는 안 된다.

날마다 날이 밝기 전에 일어나서 몸가짐과 옷차림을 단정하게 하고 부모의 침소로 간다. 여기에서 기운을 차분하게 하고 목소리를 부드럽게 하여 춥고 더운 것과 편안한지 불편한지를 묻는다. 또 날이 어두우면 역시 침소로 가서 이부자리를 깔아 드리고 따뜻한지 서늘한지를 묻는다. 날마다 받들어 모시면서 항상 화락한 빛과 부드러운 얼굴로 물어서 공경하여 응대하고, 좌우에 모셔 섬기기에 그 정성을 다해야 한다. 또 외출하거나 돌아와서는 반드시 인사를 드리고 여쭈어 뵙는다.

요즘 사람들은 모두 부모가 길러준 은혜를 입고서도 스스로의 힘으로 그 부모를 섬기지 못한다. 만일 이렇게 그대로 세월이 지나가버리면 끝내 성심껏 부모를 봉양할 시기가 없을 것이다. 그러니 반드시 집안의 일을 스스로 주관해서 몸소 맛좋은 음식을 마련해 드려야 자식의 도리를 다했다고 하겠다. 만일 부모가 이것을 기어이 듣지 않으면 비록 자신이 집안일을 주관하지는 못하더라도 마땅히 있는 힘을 다해 맛있는 음식을 마련하여 부모의 입에 맞도록 하는 것이 옳은 일이다. 이렇게 마음이 오로지 부모를 섬기는 데에 있으면 맛있는 음식도 반드시 마련할 수 있을 것이다. 옛날 왕연(王延)이 깊은 겨울 몹시 추운 날씨에도 자신의 몸에는 옷 한 벌 제대로 걸치지 못하면서, 오직 부모의 몸을 따뜻하게 해드렸다는 일을 염두에 둔다면 다른 사람으로 하여금 감탄해서 눈물을 흘리게 할 수 있을 것이다.

일반적으로 아버지와 자식 사이에는 흔히 사랑하는 마음이 공경하는 마음보다 지나치기 쉽다. 그런 즉 반드시 낡은 습관을 미련 없이 버리고 지극하게 섬기도록 해야 한다. 부모가 앉고 눕는 곳에는 자식이 감히 앉고 눕지 않으며, 부모가 손님을 접대하는 곳에서는 자식이 감히 자신의 사사로운 손님을 접대하지 않는다. 또 부모가 말을 타고내리는 곳에서는 자식이 감히 말을 타고내리지 않아야 한다.

부모의 뜻이 옳으면 먼저 그 뜻을 이어받아서 순순히 행해야 마땅하고 조금이라도 어기지 말아야 한다. 만일 부모의 뜻이 옳지 않으면 온화한 태도와 즐거운 기색, 부드러운 목소리로 간해서 여러 가지로 사유를 말씀드려 기어이 부모가 이를 납득

하노녹 하나.

부모에게 병이 있으면 항상 마음속으로 조심하고 긴장해서, 다른 일들은 모두 제쳐두고 오직 약을 지어다가 치료하는 것을 일삼아야 한다. 그래서 병이 회복되면 예전으로 돌아가 다른 일을 보도록 한다.

일상생활에서나 또 아무리 짧은 시간일지라도 부모를 잊어서는 안 된다. 그렇게 해야 비로소 효도한다는 말을 할 수가 있다. 그런 줄 알면서도 제 몸을 삼가지 않고, 버릇없이 떠들며 그저 웃고 즐기면서 세월을 보내는 사람은 모두 그 부모를 잊은 사람이다.

세월은 물과 같이 흐른다. 그러므로 부모를 섬기는 시간도 결코 길지 못하다. 그런 때문에 자식 된 사람은 모름지기 정성을 다하고 힘을 다해도 자신이 할 일을 다 하지 못할까 두렵다. 옛 사람의 시(詩)에, 옛날 사람은 하루 동안 그 부모를 섬기는 것을 삼공(三公)과 바꾸지 않는다고 했다. 이것은 옛날 사람들이 시간을 아껴가면서 부모를 섬긴 것을 말한 것이다.

'효도'

'찾아갈 어머니가 있는 한, 결코 완전한 어른이 되지 못한다.'

미국의 여류 소설가 사라 주이트의 말이다. 주이트는 일생을 독신으로 살았다. 이 말은 아무리 훌륭한 인물이거나 심지어는 성인일지라도, 자신의 어머니라는 존재는 영원히 뛰어넘지 못한다는 말이다.

이와 관련하여, 러시아의 극작가인 막심 고리키는 이렇게 말했다.

"삼가 어머니에게 고개를 숙여라. 어머니는 모세를 낳았고 마호멧을 낳았으며 예수를 낳았다. 이 세상에 우리를 위해 지칠 줄 모르고 위대한 인물들을 낳아주신 어머니에게 머리를 숙여라. 위대한 인물은 모두가 어머니의 자식들이며, 그 젖으로 자랐다."

한편 우리나라 에서는 지난 1956년부터 어머니날을 지정하여 실시해 오다가, 아버지날이 거론되자, 1973년부터 5월 8일을 어버이날로 바꾸었다.

외국에서는 5월 둘째 일요일을 어머니날로 정하여 어머니가 살아계신 사람은 빨간 카네이션을, 돌아가신 사람은 하얀 카네이선을 가슴에 띤다. 그러나 우리나라에서는 어머니뿐만 아니라, 아버지 또는 할아버지와 할머니 등 웃어른을 위한 날로 규정하고 있다.

유교에서는 부모에 대한 효가 도덕규범의 기초이고, 더 나아가 국가로부터 가족에 이르기까지 최우선의 가르침으로 뿌리박고 있다는 사실에 그 독특성이 있다.

효란 본래 부모가 살아 있을 때 자녀가 지켜야 할 도덕을 의미함에는 변함이 없다. 그러나 유교에서는 사후의 영원을 바라고, 효를 종교화하여 자손에게 반드시 조상의 제사를 지내도록 요구하고 있다.

개인은 하늘과 땅이라는 우주의 부모로부터 태어난 우주적 자아이자 육체의 부모로부터 태어난 가문적 자아라 할 수 있다. 따라서 현세의 부모에 대한 효는 '생명의 근원'인 조상에 대한 공경과 보은의 출발점이자 전제가 된다.

제사는 초혼을 의미하며, 사후에도 현세에 돌아올 수 있다고 믿기에 조상에 대한 제사가 효의 하나가 되는 것이다. 또한 제사를 행하는 주체는 자손이기 때문에 자손, 특히 아들을 낳는 것이 효의 하나가 된다.

부모가 살아 있을 때 정성을 다하고, 죽은 뒤에는 경애하는 마음으로 제사를 잘 지내고, 또한 아들을 낳아 제사가 끊어지지 않도록 하는 것 전체가 효라고 생각했다.

유교 사상의 핵심적 도덕규범인 효의 원초적이고 본질적인 의미를 알기 위해서는 공자(孔子)의 효에 대한 관념을 살펴보아야 할 것이다.

첫째, 공자는 효의 본유 관념으로서 공경심을 강조하고 있다. 봉양하는 일뿐만 아니라 공경하는 마음이 관건이라는 것이다. 웃어른에 대한 예절로는 얼굴빛, 즉 존경하는 태도가 문제라고 하였다.

둘째, 부모에게 걱정을 끼치지 말아야 한다는 것이다. 이는 〈효경〉에서 '우리의 신체는 머리털에서 살갗에 이르기까지 부모에게서 받은 것이니 감히 손상하지 않는 것이 효의 근본이니라.'고 분명하게 표현되어 있다.

셋째, 효는 공자로부터 이미 사후에까지 확대된 개념으로 드러난다. 즉, '살아계실 때도 예로써 섬기고, 장례도 예로써 치르고, 제사도 예로써 모시라.'고 하였다. 여기서 유교의 상·제례가 조상 숭배 사상과 결합하여 효 사상의 일부를 이루고 있음을 알 수 있다.

맹자는 선진시대(先秦時代) 효 관념의 정립자라 할 만큼, 공자의 효 사상을 유교의 중심 사상으로 굳게 다져 놓았다. 그는 효를 백행(百行)의 근본으로 보고 있을 뿐만 아니라 '요·순의 도리도 효제(孝悌)일 따름이다.'라고 말함으로써, 효를 제왕의 도로 확대하였다.

"효자의 지극함은 어버이를 높이는 일보다 더함은 없을 것이다. 어버이를 높이는 일의 지극함은 천하를 가지고 봉양해 드님모나 너삼은 없을 섯이다. 처자의 아비가 되니 높음의 지극함이요, 천하로써 봉양하니 봉양의 지극함이니라."

위의 구절에서 맹자는 제왕의 대효(大孝)를 말함과 동시에 입신양명을 효의 중요 요소로 부각시켰다.

중국 최초의 통일 제국인 진(秦)과 그 뒤 한대(漢代)를 거치면서, 사회적·정치적 변화에 따른 사상적 변화 속에서 효 사상도 변화를 겪게 되었다. 그것은 군위신강(君爲臣綱)·부위자강(父爲子綱)·부위부강(夫爲婦綱)이라는 삼강 사상의 성립이다.

이에 따라 충·효·열도 권위에 바탕을 둔 종속 윤리로 귀착된다. 따라서 삼강 사상이 선진의 윤리 개념에 어긋난다는 비판이 제기되고 있다.

중국 고대의 효 사상에서 특기할 만한 사실은 〈효경〉의 저작이다. 증자(曾子)의 저작이라고 믿어져 왔으나 실제 작자는 불분명하다. 저작 시기는 대체로 전국시대 말기로 추정된다. 〈효경〉은 봉건제도에 입각하고 있으며, 공맹의 효를 바탕으로 하고 있기는 하나 내용상 변화를 보이고 있다.

〈효경〉에서의 효의 의미를 살펴보면, 우선 효를 덕의 근본으로 삼고 있다. 효의 방법으로는 직접적이면서 기본적인 사친(事親)과, 간접적이면서 종국적인 입신행도(立身行道)로 나누어진다. 그리고 부모에 대한 윤리 도덕인 효를 '하늘의 불변한 기준이요, 땅의 떳떳함이다. (天之經 地之義)'라고 하여 우주적 원리로 승화시키고 있다. 이는 정치적 교화의 의도를 엿볼 수 있게 한다.

효 사상에서 지적하지 않을 수 없는 한 가지 사실은, 또 다른 중요한 윤리인 '충'과 상호 충돌할 수 있다는 것이다. 두 가지 개념이 포함된 의미 안에 이미 모순적인 요소가 내포되어 있기 때문이다. 효란 자신의 신체를 잘 보존하고 부모를 잘 봉양하며 종족을 보존해야 한다는 가족 사회를 바탕으로 한 윤리라고 할 수 있다.

이에 대해서, 충이란 때로 국가나 군주를 위하여 자신을 희생할 수도 있다는 국가적 차원의 윤리이다. 따라서 마찰은 충분히 예상될 수 있는 것이다. 이 문제는 '충신이 효자의 문에서 나온다.'고 하여 효를 근본으로 하여 조화시켜 왔다.

이러한 효 사상이 한국에서 전개된 과정을 살펴보면, 교육 기관을 통해서 충의 사상과 아울러 고취되었음을 알 수 있다.

지리적인 위치로 인해 고구려에서 최초로 그 기록을 찾아볼 수 있다. 소수림왕 2년 중앙에 설치된 교육기관인 태학(太學)에서는 오경과 중국의 사서들을 상류 계급의 자제들에게 교육하였다.

백제의 경우 교육 기관을 통해 유학 교육을 실시한 문헌상의 기록은 없다. 다만 〈삼국지〉 '변진전(弁辰傳)'이나 당나라 때 편찬된 〈주서(周書)〉 '백제조' 등의 기록을 통해, 백제가 유교를 통치 이념으로 했고, 경학(經學)도 상당한 수준에 이르렀음을 알 수 있다.

신라의 경우는 삼국 가운데에서 가장 늦게 유학이 들어왔다. 지증왕(437~514) 때에 '왕'이라는 호칭과 상복제(喪服制)를 사용했고, 유학 교육기관인 국학에서는 〈논어〉와 〈효경〉 등이 필수 과목이어서 충효 교육이 실시되었음을 알 수 있다.

신라에 있어 특기할 만한 것은 화랑도의 지도 이념인 세속오계의 도덕규범을 교육받은 화랑 가운데 많은 인재들이 배출되었다는 점이다.

고려시대 역시 최고 교육기관으로 국자감을 설치하여 유교 경전을 학습하고, 상·중·하 3품에 걸쳐 〈논어〉·〈효경〉을 필수 과목으로 하였다. 이를 볼 때 유교적 충효 사상이 중시되었음을 알 수 있다.

〈삼국유사〉 '효선편(孝善篇)'에 실려 있는 효행에 관한 네 개의 미담은 인과응보의 불교적 사고가 배어 있고, 부처의 가호로 행복하게 되었다는 내용에서 공통점이 있다. 고유의 효 사상에 불교문화가 가미된 새로운 효 관념이 이루어지고 있음을 짐작하게 한다.

불교에서도 효는 중요한 덕목으로서 〈효자보은경(孝子報恩經)〉·〈효자담경(孝子睒經)〉 등의 책이 간행되었다. 유·불·선 삼교에 능통한 최치원(崔致遠)은 〈난랑비서문(鸞郎碑序文)〉에서 화랑정신에 대해 다음과 같이 묘사하였다.

"집에 들어가서는 효도하고 나아가서는 충성하라는 것은 공자의 말씀이다. 의식적으로 하지 않는 일에 처하고, 말이 없는

가운데 가르침을 행하라는 것은 노자의 주장이다. 어떠한 죄라도 범하지 말고, 모든 착한 일을 힘써 행하라는 것은 석가여래의 교지이다."

고려 말에 편찬되었다고 전해지는 〈명심보감〉은 유학적 효사상을 여러 중국 고전(효경·논어·맹자 등)에서 골라 엮은 명언집이다. 최초로 우리나라 사람의 손으로 만들어진 수신서라는 데에 의미가 있다.

고려시대에 이르기까지 효 관념은 〈효경〉·〈논어〉 등을 이론적 배경으로 하고 있는 정도였다. 효 관념이 정치적이고 사회적 규범으로 체계화된 것은 조선조 주자학의 형성과 전개 과정 속에서 가능하였다.

고려 왕조를 대신한 조선 사회는 백성을 교도하는 새로운 도덕적 규범과 준칙을 채용하려고 하였다. 여기에서 조선 사회는 충효를 근본으로 하는 삼강오륜에 힘쓰게 된 것이다. 주자학을 지도 이념으로 삼은 조선 왕조는 충효 사상을 국민에게 널리 보급하고 고취시키기 위한 노력을 전개하였다.

세종 13년에는 설순(偰循) 등이 편찬한 〈삼강행실도〉가 간행되었다. 이것은 중국과 우리나라의 충신·효자·열녀 각 35인의 행적을 그림으로 설명한 것이다.

중종 13년에는 조신(曺伸)이 편찬한 〈이륜행실도〉, 광해군 때는 유근(柳根) 등이 편찬한 〈동국신속삼강행실도(東國新續三綱行實圖)〉, 정조 때는 앞에 나온 〈삼강행실도〉와 〈이륜행실도〉를

합하여 개편한 〈오륜행실도〉 등이 발간, 반포되었다.

이들 행실도는 모두 효자·충신·열녀의 순으로 되어 있어, 효가 정치적·사회적 질서의 근본 규범으로 인식되고 있었음을 알 수 있다.

또한 조선시대에 들어와서 정형화된 오륜 사상에는 부자유친이 군신·부부·장유·붕우의 인간관계에 앞서 있다. 즉 삼강의 군신·부자·부부 관계를 발전시켜, 맹자에 이르러 실천 도덕으로 완성된 오륜 사상을 받아들이고, 효를 오륜의 제일의(第一義)로 삼았다는 사실이 주목된다.

이렇듯 보편적인 성격을 띤 효 관념은 고려 말에 주자학이 수용되고, 조선시대에 성리학 사상이 체계화되면서 철학적·이론적인 기초를 확립하게 되었다. 성리학에서는 보편적인 이(理)가 인간에게 내재하여 성(性)이 되고, 인간 사회의 도덕규범으로서의 오륜적 질서는 인간에게 내재된 성의 현현(顯現)으로 이해된다.

이황(李滉)은 '부모가 자녀를 사랑하는 것이 자(慈)이고, 자녀가 부모를 잘 받드는 것이 효이다. 효자의 도리는 천성에서 나오는 것으로, 모든 선의 으뜸이 된다.'고 하였다. 이것은 효자라는 도덕규범의 보편적이고 기본적인 성격을 강조하는 것이라고 말할 수 있다.

또한 주희의 말을 인용하여, '어버이를 섬기는 정성에 인하여 그로써 하늘을 받드는 도리를 밝힌다.'라고 하였다. 인간 사회에 있어서의 모든 질서의 근원은 효에서 출발하는 것이라는 뜻이다. 이것은 육신의 부모를 섬기는 것이 만물의 부모인 하늘을 섬기는 것과 구조적으로 연관되어 있음을 나타낸다.

이황에서 이이에 이르는 조선시대의 정통 도학에 있어서는 효 관념이 성리학의 우주론이나 인간론의 이해를 통해 인간의 내면적·보편적 규범으로 확립되었다.

17세기 말부터 18, 19세기에 이르면서 점차 정통 성리학에 대한 비판 의식이 일어나면서 효에 대한 의식에도 변화가 나타난다.

이익(李瀷)의 경우를 보면, 〈성호사설〉 '권3'에 충효를 말하면서 충이 앞서고 효가 뒤를 따르며, 충에 이르려면 효가 있어야 하고, 효가 아니면 곧 불충(不忠)이라고 하였다. 이것은 곧 효보다 충을 우선하는 태도이다.

성리학에 비판적이었던 소수의 실학자들은 치인양성(治人養性)에 주목적을 두었던 성리학의 권위에 정면으로 도전하여 과거제 폐지와 양반의 취업 등을 주장하였다. 즉 국가 의식을 가족 의식보다 우위에 두어야 한다고 생각했던 것이다. 효가 이루어지면 다른 덕목들이 자연스럽게 따라온다고 생각했던 조선 초기의 사상에 반기를 든 셈이다.

이는 임진왜란·병자호란 등의 국난을 겪은 새 시대에 일어난 충효 사상의 변화라고 할 것이다. 이른바 '서양과의 만남', 그리고 근대화의 물결과 접하면서 실학자들은 상공업 진흥을 위해 양반도 노동해야 하며, 과학을 배우고 서양을 알아야 한다고 주장하고 나섰다. 이러한 풍조가 일어나자, 윤리관에도 여러 가지 변화가 일어났다.

천도교의 효 사상은 유교와 달리 충과 연결시키지 않고 천의(天意)와 연결시킨 특징이 있다. 실천 윤리는 크게 다를 바 없지만, 효가 어려운 이유를 천의에 맞게 지신하기 어려움과 같은 것이라고 보았다.

개화사상이 일어나면서 윤리적인 가치는 분화되어 나타난다. 19세기에 이르면 가족 윤리와 국가 윤리, 그리고 사회 윤리를 따로 생각하게 된다. 즉 효·충·신을 덕목으로 하되, 그 대상을 부모-자식, 임금-신하, 이웃-이웃의 인간관계로 설명하게 된다.

효가 모든 것을 지배하는 것이 아니라 가정에서 으뜸가는 덕목으로 국한된다. 다시 말하면, 충·효·신의 기능이 나누어지고, 각 덕목이 독립적으로 인식되고 있는 것이다. 이렇듯이 효 사상은 본질적으로는 큰 차이가 없으나 시대적인 변화를 겪어왔다.

전통 사회에서 효 윤리는 가족을 결속시키고 사회 풍속을 순화하는 데 기여했다는 긍정적 측면이 있다. 반면 효도 예절이 형식적으로 고정화·관습화되어 개인의 진취적 기상을 억압하고, 사회의 합리적 개혁을 둔화시켰던 부정적 측면도 함께 고려되어야 할 것이다. 그러므로 효의 본질을 재인식하고 그 참된 가치를 실현하는 것이 요구된나.

6. 상제장(喪制章)

喪制　當一依朱文公家禮　若有疑晦處　則質問于先生
상제　당일의주문공가례　약우의회처　즉질문우선생

長者識禮處　必盡其禮　可也　復時　俗例必呼小字　非
장자식예처　필진기례　가야　복시　속례필호소자　비

禮也　少者則猶可呼名　長者則不可呼名　隨生時所稱
례야　소자즉유가호명　장자즉불가호명　수생시소칭

可也　(婦女尤不宜呼名)　母喪　父在則父爲喪主　凡祝
가야　부녀우불의호명　모상　부재즉부위상주　범축

辭　皆當用夫告妻之例也　父母初歿　妻妾婦及女子
사　개당용부고처지례야　부모초몰　처첩부급여자

皆被髮　男子則被髮扱上衽徒跣　(小斂後　男子則袒
개피발　남자즉피발급상임도선　소렴후　남자즉단

括髮　婦人則髽)　若子爲他人後者　及女子已嫁者　皆
괄발　부인즉좌　약자위타인후자　급여자이가자　개

不被髮徒跣　(男子則免冠)　尸在牀而未殯　男女位于
불피발도선　남자즉면관　시재상이미빈　남녀위우

尸傍　則其位南上　以尸頭所在爲上也　旣殯之後　女
시방　즉기위남상　이시두소재위상야　기빈지후　여

子則依前　位于堂上　南上　男子則位于階下　其位堂
자즉의전　위우당상　남상　남자즉위우계하　기위당

北上　以殯所在爲上也　發引時　男女之位　復南上
북상　이빈소재위상야　발인시　남녀지위　부남상

以靈柩所在爲上也　隨時變位而各有禮意　今人　多不
이영구소재위상야　수시변위이각유예의　금인　다불

解禮　每弔客致慰　專不起動　只俯伏而已　此非禮也
해례　매조객치위　전불기동　지부복이이　차비례야

弔客　拜靈座而出　則喪者當出自喪次　向弔客　再拜
조객　배영좌이출　즉상자당출자상차　향조객　재배

而哭　可也　(弔客當答拜)　衰絰　非疾病服役　則不可
이곡　가야　조객당답배　최질　비질병복역　즉불가

脫也　家禮　父母之喪　成服之日　始食粥　卒哭之日
탈야　가례　부모지상　성복지일　시식죽　졸곡지일

始疏食　(糲飯也)　水飲　(不食羹也)　不食菜果　小祥
시소식　여반야　수음　불식갱야　불식채과　소상

之後　始食菜果　(羹亦可食)　禮文如此　非有疾病　則
지후　시식채과　갱역가식　예문여차　비유질병　즉

當從禮文　人或有過禮而啜粥三年者　若是誠孝出人
당종예문　인혹유과례이철죽삼년자　약시성효출인

無一毫勉强之意　則雖過禮　猶或可也　若誠孝未至
무일호면강지의　즉수과례　유혹가야　약성효미지

而勉强踰禮　則是自欺而欺親也　切宜戒之　今之識禮
이면강유례　즉시자기이기친야　절의계지　금지식례

之家　多於葬後　返魂　此固正禮　但時人效顰　遂廢廬
지가　다어장후　반혼　차고정례　단시인효빈　수폐려

墓之俗　返魂之後　各還其家　與妻子同處　禮坊大壞
묘지속　반혼지후　각환기가　여처자동처　예방대괴

甚可寒心　凡喪親者　自度一一從禮　無毫分虧欠　則
심가한심　범상친자　자탁일일종례　무호분휴흠　즉

當依禮返魂　如或未然　則當依舊俗廬墓　可也　親喪
당의례반혼　여혹미연　즉당의구속려묘　가야　친상

成服之前　哭泣 不絶於口　(氣盡則令婢僕代哭)　葬前
성복지전　곡읍 부절어구　기진즉영비복대곡　장전

哭無定時　哀至則哭　卒哭後則朝夕哭二時而已　禮文
곡무정시　애지즉곡　졸곡후즉조석곡이시이이　예문

大槪如此　若孝子情至　則哭泣　豈有定數哉　凡喪
대개여차　약효자정지　즉곡읍　기유정수재　범상

與其哀不足而禮有餘也　不若禮不足而哀有餘也　喪
여기애부족이예유여야　불약예부족이애유여야　상

事 不過盡其哀敬而已　曾子曰　人未有自致者也　必
사 불과진기애경이이　증자왈　인미유자치자야　필

也親喪乎　送死者　事親之大節也　於此 不用其誠　惡
야친상호　송사자　사친지대절야　어차 불용기성　오

乎用其誠　昔者　小連大連　善居喪　三日不怠　三月
호용기성　석자　소련대련　선거상　삼일불태　삼월

不懈　期悲哀　三年憂　此是居喪之則也　孝誠之至者
불해　기비애　삼년우　차시거상지즉야　효성지지자

則不勉而能矣　如有不及者　則勉而從之　可也　人之
즉불면이능의　여유불급자　즉면이급지　가야　인지

居喪　誠孝不至　不能從禮者　固不足道矣　間有質美
거상　성효부지　불능종례자　고부족도의　간유질미

而未學者　徒知執禮之爲孝　而不知傷生之失正　過於
이미학자　도지집례지위효　이부지상생지실정　과어

哀毁　羸疾已作　而不忍從權　以至滅性者　或有之
애훼　영질이작　이불인종권　이지멸성자　혹유지

深可惜也　是故　毁瘠傷生　君子謂之不孝　凡有服親
심가석야　시고　훼척상생　군자위지불효　범유복친

戚之喪 若他處聞訃 則設位而哭 若奔喪 則至家而
척지상 약타처문부 즉설위이곡 약분상 즉지가이

成服 若不奔喪 則四日成服 若齋衰之服 則未成服
성복 약불분상 즉사일성복 약자최지복 즉미성복

前 三日中 朝夕爲位 會哭 (齋衰降大功者亦同) 師
전 삼일중 조석위위 회곡 자최강대공자역동 사

友之義重者 及親戚之無服而情厚者 與凡相知之分
우지의중자 급친척지무복이정후자 여범상지지분

密者 皆於聞喪之日 若道遠 不能往臨其喪 則設位
밀자 개어문상지일 약도원 불능왕림기상 즉설위

而哭 師則隨其情義深淺 或心喪三年 或期年 或九
이곡 사즉수기정의심천 혹심상삼년 혹기년 혹구

月 或五月 或三月 友則雖最重 不過三月 若師喪
월 혹오월 혹삼월 우즉수최중 불과삼월 약사상

欲行三年期年者 不能奔喪 則當朝夕設位而哭 四日
욕행삼년기년자 불능분상 즉당조석설위이곡 사일

而止 (止於四日之朝 若情重者則不止此限) 凡遭服
이지 지어사일지조 약정중자즉부지차한 범조복

者 每月朔日 設位 服其服而會哭 (師友雖無服亦
자 매월삭일 설위 복기복이회곡 사우수무복역

同) 月數旣滿 則於次月朔日 設位 服其服 會哭而
동 월수기만 즉어차월삭일 설위 복기복 회곡이

除之 其間 哀至則哭 可也 凡大功以上喪 則未葬
제지 기간 애지즉곡 가야 범대공이상상 즉미장

前 非有故 不可出入 亦不可弔人 常以治喪講禮
전 비유고 불가출입 역불가조인 상이치상강례

爲事
위 사

상중의 복제(服制)는 오직 〈주자가례(朱子家禮)〉에 따르는 것이 마땅하고, 만일 의심나거나 모르는 것이 있으며 선생이나 웃어른으로 예에 관하여 아는 사람에게 질문하여 반드시 그 예를 극진히 하는 것이 옳다.

초혼(招魂)할 때에 관례를 보면 꼭 아명을 부르고 있는데, 이것은 예의가 아니다. 젊은 사람이라도 오히려 이름을 부르는 것이 옳은 것이니, 어른이면 꼭 이름을 부르지 않아도 되고, 생시에 일컫던 대로 하는 것이 옳다. (부녀자는 더욱 이름을 부르는 것은 마땅하지 않다.)

어머니가 돌아가신 상사(喪事)가 생기게 되면, 그 상사에는 아버지가 생존해 있으면 아버지가 그 상주가 되고, 대개 축문(祝文)도 모두 다 남편이 아내에게 말하는 투로 써야 마땅하다.

부모가 돌아가시면 아내와 첩(妾)과 며느리와 딸은 모두 머리를 풀고, 남자는 머리를 풀고 옷깃을 걷어 올리고 맨발을 한다. (소렴(小殮) 뒤에는 남자는 웃옷의 왼쪽을 벗어 어깨를 드러내고 머리를 묶으며, 부인은 복머리를 한다.)

양자(養子)로 간 아들이나, 시집을 간 딸은 모두 머리를 풀지 않고 맨발도 하지 않는다. (남자는 갓을 벗는다.)

시신(屍身)이 방의 침상에 있고 아직 빈소(殯所)를 설치하지 않았으면, 남녀는 시신의 곁에 자리를 잡는데, 그 위치는 남쪽을 윗자리로 한다. 시신의 머리 쪽을 위로 삼기 때문이다.

이미 빈소가 설치된 뒤에는 여자들은 앞서 대로 당(堂) 위에 자리를 잡되 남쪽을 윗자리로 하고, 남자들은 뜰아래에 자리를 잡되 그 위치는 북쪽을 윗자리로 할 것이다. 이것은 빈소가 있는 곳으로써 위를 삼기 때문이다.

발인(發靷)할 때에는 남녀의 위치는 다시 남쪽을 윗자리로 한다. 이것은 영구(靈柩)가 있는 곳을 위로 삼기 때문이다. 수시로 자리를 바꾸는 것은 각각 예를 갖추는 데 뜻이 있는 것이다.

요즘 사람들은 예에 관한 것을 흔히 이해하지 못하고 조객(弔客)이 조위(弔慰)할 때마다 전혀 기동을 하지 않고 다만 엎드려 있을 뿐이지만, 이것은 예가 아니다. 조객이 영위(靈位)에서 물러 나오면 상주(喪主)도 당연히 상주의 자리로부터 나와서 조객을 향하여 두 번 절을 하고 나서 곡하는 것이 옳다. (조객도 또한 답배(答拜)를 한다.) 상복과 수요질은 다른 곳으로 나들이 하는 것이 아니면 벗을 수 없다.

〈주자가례〉에 따르면 부모의 상에는 성복(成服)하는 날에 비로소 죽을 먹고, 졸곡(卒哭)하는 날에 비로소 거친 밥과 물을 마신다. (그러나 국은 먹지 않는다). 그리고 채소와 실과를 먹지 않다가 소상(小祥) 뒤에야 비로소 채소와 실과를 먹는다. (그리고 국을 먹어도 된다). 예문(禮文)이 이와 같으니 병이 없으면 낭녀이 예문에 따라야 한다. 산혹 어떤 사람은 예의 한도를 넘어서 3년 동안 죽을 먹었다고 하니, 이처럼 정말로 효성이 남보다 뛰어나고 추호도 억지의 뜻이 없었다면 비록 예의 한도에 지나쳤더라도 오히려 좋은 것이다.

정말 조금이라도 효성이 지극하지 못해서 애써 억지로 예의 한도를 지나쳤다면, 이는 자신을 속이고 부모를 속인 것이니 주의해야 마땅하다. 요즘 예법을 안다는 가문에서는 흔히 장사 지낸 뒤에 반혼(返魂)을 하는데, 이것은 실로 바른 예법이다.

다만 요즈음 사람들은 무턱대고 남의 흉내를 내어 마침내는 여막(廬幕)의 풍속도 폐하고, 반혼 뒤에는 저마다 집으로 돌아가서 처자와 함께 지낸다. 예의 예방(禮坊 : 예의 마을)이 크게 무너지는 것으로 몹시 한심스럽다.

대개 부모를 잃은 사람은 스스로 일일이 헤아려서 예법을 따라서 조금이라도 모자라지 않으면 마땅히 예법에 따라 반혼하고, 혹 조금이라도 그렇지 않으면 옛 풍속에 따라 여막에서 사는 것이 마땅하다.

부모의 초상에서는 성복을 하기 전에 슬피 소리를 내어 울기를 입에서 끊이지 말아야 한다. (기운이 다하면 남녀의 종으로 대신 곡하게 한다.) 장사지내기 전에는 곡하는 것을 정한 때가 없고 슬픔이 벅차오르면 곡한다. 졸곡 후면 조석곡(朝夕哭) 두 번뿐이다. 예문(禮文)에는 대개 이와 같지만, 만일 효성이 지극하면 슬피 소리 내어 우는데 어찌 정해진 수가 있겠는가? 대개 초상 때에 그 슬픔은 부족하면서 예법이 넉넉한 것은, 예법은 부족하면서 슬픔이 넉넉한 것만 못하다. 상사(喪事)란 그 슬픔과 공경을 다하는 것이다.

증자(曾子)가 말했다. "사람은 아직 스스로 정성을 다했다는 사람은 없다. 그러나 부모의 상에도 꼭 그런 것인가. 죽은 사람을 잘 보내드린다는 것은 부모를 섬기는 큰 예절이다. 이런 것에 그 정성을 다하지 않고, 어디에 그 정성을 쓰겠는가?"

옛날에 동이(東夷) 사람이 소련(小連)과 대련(大連)을 잘 거상(居喪)하여 3일 동안 해야 할 일을 게을리 하지 않았고, 석 달 동안 해야 할 일을 태만하게 하지 않았고, 1년 동안 슬퍼했고, 3년 동안 근심하였다. 이것이 곧 거상(居喪)의 법도이다.

정말로 효성이 지극한 사람이면 억지로 애를 쓰지 않아도 잘 할 것이지만, 만일 미치지 못하는 사람이 있으면 애써 힘써서 미치게 하는 것이 옳다.

사람이 장례를 치를 때는 효성이 지극하지 못하여 예법대로 못하는 사람은 정말 말할 것도 없고, 간혹 본성(本性)은 아름다워도 배우지 못한 사람은 그저 행하는 예법대로 하는 것이 효성인 줄만 알고 생명을 손상하는 것이 중정(中正)의 도리를 잃는 것임을 알지 못하며, 슬픔으로 몸을 해치는 것이 지나쳐서 병이 나도 차마 손을 쓰지 못하고 목숨을 잃는 데까지 가는 사람이 간혹 있는데, 심히 애석한 일이다.

이런 까닭으로 너무 슬퍼해서 몸이 약해지고 생명을 상하게 하는 것, 군사는 이것을 불효라고 말했다.

대체적으로 복제(服制)에 해당되어 복을 입어야 할 친척의 초상 때에는, 만약 떨어져 있어서 딴 곳에서 부음(訃音)을 들으면 신위(神位)를 설치하고 곡해야 하고, 만약 초상에 급하게 갔으면 상가에 이르는 즉시 상복(喪服)을 입어야 하며, 만약 초상에 급히 가지 않았으면 4일 만에 상복을 입으며, 만약 자최(齊衰)의 복에 해당하면 상복을 입기 전 3일 동안 아침저녁으로 신위를 설치하고 반드시 곡을 해야 한다. (자최의 복을 낮추어 대공(大功), 즉 9개월의 상복을 입는 사람도 역시 같다.)

스승과 친구로서 의리가 남달리 두터운 사람이나, 친척에 복제(服制)가 없으면서 정의(情誼)가 두터운 사람이나, 보통 아는 사이지만 교분(交分)이 두터운 사람끼리는 모두 초상의 소식을 들은 날에, 만일에 길이 멀어서 그 초상에 맞춰 갈 수 없으면 신위를 설치하고서 곡을 한다.

스승이면 그 정의(情誼)의 정도에 따라 심상(心喪) 3년을 하거나 혹은 1년을 하며, 혹은 아홉 달을 하거나 혹은 다섯 달을 하며, 혹은 석 달을 한다. 친구 사이면 비록 가장 친함이 두터울지라도 석 달을 넘지 못한다.

만일 스승의 상에 3년과 1년을 하고자 하는 사람이 분상(奔喪)을 할 수 없으면 마땅히 조석(朝夕)으로 신위를 설치하고서 곡을 해야 하나 나흘이 되면 그친다. (나흘이 되는 아침에 그친다. 만일 정의가 두터운 사람이라면 이 한계에 머물지 않는다.)

대체적으로 복제에 해당되어 복을 입는 사람은 매달 조하루에 신위를 설치하고 자신의 복을 입고서 반드시 곡을 해야 한다. (스승이나 친구는 비록 복이 없지만 같다.) 복을 입는 달의 수가 이미 다 되었으면 다음 달 초하루에 신위를 설치하고 자신의 복을 입고 반드시 곡을 하고나서 상복(喪服)을 벗는다. 그 동안이라도 슬픔이 지극하면 곡을 해도 괜찮다.

대체로 대공(大功) 이상의 복을 입을 상사(喪事)이면 장사지내기 전에는 까닭 없이 문밖출입을 할 수 없다. 또한 남의 조문(弔問)도 할 수 없다. 항상 초상 치를 예의만 논의함으로써 일을 삼아야 한다.

[訓讀]
*喪 : 죽을 상. *制 : 마를 제. *晦 : 그믐 회. *歿 : 죽을 몰. *扱 : 미칠 급. *衽 : 옷깃 임. *跣 : 맨발 선. *斂 : 거둘 렴. *袒 : 웃통벗을 단. *括 : 묶을 괄. *髽 : 북상투 좌. *尸 : 주검 시. *殯 : 염할 빈. *靷 : 가슴걸이인. *柩 : 널 구. *俯 : 구부릴 부. *荅 : 팥 답. *絰 : 질 질. *粥 : 죽 죽. *羹 : 국 갱. *歠 : 마실 철. *踰 : 넘을 유. *葬 : 장사지낼 장. *矉 : 찡그릴 빈. *坊 : 동네 방. *廬 : 오두막집 려. *墓 : 무덤 묘. *昔 : 옛날 석. *懈 : 게으를 해. *羸 : 야윌 리. *瘠 : 파리할 척. *戚 : 겨레 척. *奔 : 달릴 분. *齊 : 가지런할 제. 상복이름 자. *衰 : 쇠할 쇠. 상복이름 최. *朔 : 초하루 삭.

*당일(當一) : 마땅히. 오로지. *의회(疑晦) : 의심나고 모르는 것. *장자(長者) : 어른. *복(復) : 초혼(招魂). 사람이 죽었을 때에 그 사람이 생시에 입었던 저고리를 왼손에 들고 오른손을 허리에 대고서 지붕 위나 마당에서 북향하여 "무슨 동, 아무개 복!" 하고 세 번 부른다. 이것을 고복(皐復) 또는 초혼이라 한다. 망령(亡靈)을 불러들여 죽은 사람에게 되돌아오게 한다는 의식인데, 그래도 죽은 사람이 소생하지 않으면 죽은 것이 확실함을 알고 초상을 알릴 곳에 알린다. *소자(小字) : 어렸을 때의 字나 이름을 가리킨다. *몰(歿) : 沒과 같은 글자. 죽음. *흡상(扱上) : 거두어 올림. *도선(徒跣) : 맨발. *소렴(小殮) : 시체를 옷과 이불로 쌈. 斂은 殮으로도 씀. *단(袒) : 웃옷을 벗어 한쪽만의 어깨를 드러냄. *괄발(括髮) : 머리를 묶음 *좌(髽) : 복머리. 부인이 상중에 하는 결발(結髮). *위타인후자(爲他人後者) : 남의 후계자가 됨. 양자가 됨. *시(尸) : 주검. 시체. *영구(靈柩) : 시체를 넣은 관. *빈소(殯所) : 시체를 입관하여 발인할 때까지 안치하는 곳. *발인(發靷) : 시체를 모신 관을 장지로 가기 위하여 내모시는 것. *다불해(多不解) : 흔히 이해하지 못함. *치위(致慰) : 위로를 함. *영좌(靈座) : 영위. 신주. 위패. *상차(喪次) : 상제의 자리. *최질衰絰) : 상복과 수질 및 요질. *가례(家禮) : 주자의 가례. *성복(成服) : 초상이 나서 喪服을 입는 것. *졸곡(卒哭) : 삼우제를 지낸 뒤에 지내는 제사. 즉 사람이 죽은 지 3달이 되는 초정일이나 해일에 지내는 제사를 말함. *소식(疎食) : 거친

밥. *수음(水飮) : 물을 마심. 국은 먹지 못함. *여반(糲飯) : 곱게 쓿지 않은 곡식으로 만든 밥. *식채과(食菜果) : 채소와 실과를 먹음. 국도 먹을 수 있음. *소상(小喪) : 사람이 죽은 지 1년 만에 맞는 제사. 기년제. 소기. *철죽(餟粥) : 죽을 먹음. *면강(勉强) : 힘써 억지로. *유례(踰禮) : 예의 한정에서 벗어남. *반혼(返魂) : 장사를 지낸 뒤에 죽은 이의 혼백을 다시 집으로 모셔 오는 일. = 반우(返虞, 葬禮 後 祭禮, 우제 우). *효빈(效嚬) : 함부로 남의 흉내를 냄. 월나라의 미인 서시가 불쾌한 일이 있어 얼굴을 찡그렸더니, 한 추녀가 그걸 보고 흉내 냈다는 고사에서 나온 말로서 무턱대고 남의 흉내를 내는 것을 이름. *여묘(廬墓) : 상제가 거처하는 무덤 근처에 있는 오두막집. = 여막(廬幕). *예방(禮坊) : 예를 맡은 관청. *휴흠(虧欠) : 일정한 것에의 부족이나 흠. *곡읍(哭泣) : 소리를 내어 슬프게 욺. 통곡함. *부절어구(不絕於口) : 입에서 끊이지 않음.

[大意]

상례(喪禮)에 관하여 자세하게 설명하고 있다.

이 상제(喪制)에 대해서는 저자도 주자(朱子)의 〈가례(家禮)〉에 의해서만 실행하고, 만일에 의심이 나면 선생이나 어른에게 물어서 실행하라고 했다. 부모가 죽었을 때 쓰는 상제(喪制), 이것은 말할 필요도 없이 증자(曾子)가 말한 대로 오직 효성이 지극한 사람은 애를 쓰지 않아도 잘 할 수가 있는 것이다.

그리고 여기에서 말하는 이런 제도에만 너무 구애받을 것이

아니라, 오직 지극한 도리로 예를 실행한다면 혹 예법에 조금
어긋나더라도 당사자의 효도에는 손상될 것이 없을 것이라는
것이다.

☞ 고전(古典)에서 배우는 지혜

'상례(喪禮)'

대부분의 사회에서는 죽음을 단순히 인간의 생물학적인 활동의 정지가 아니라, 인간의 영혼이 현세에서 타계(他界)로 옮겨간다고 믿으며, 상례에는 그러한 관념들이 일정한 행위로 표현되고 있다. 이와 같은 상례는 어떠한 사회에서도 존재하며 사회마다 그 개념과 내용을 달리하고 있다. 우리나라에서도 여러 유형의 상례가 관행되어왔다.

보편적으로 관행되는 상례를 살펴보면, 무속적인 상례와 불교식 상례, 유교식 상례, 기독교식 상례 절차가 있다. 물론 이들 상례들은 서로 습합되어 나타나기도 한다. 그 중에서 오늘날에도 가장 보편적으로 관행되고 있으며, 전통적인 상례방식의 대표적인 것으로 인식되고 있는 것이 유교식 상례이다.

무속이나 불교가 유교보다 일찍 한국인의 종교생활을 지배하였음에도 불구하고 유교식 상례가 보편적으로 관행되어 온 까닭은, 유교가 규정한 사례(四禮) 중의 하나가 상례이고, 상례를 비롯한 사례를 조선시대의 사회적 규범으로 받아들여 그 준행을 법제적으로 강요하였기 때문이다.

더구나 이미 관행되고 있었던 무속적인 상례가 인간의 죽음을 영혼이 이승에서 저승으로 가는 것으로 믿는 내세관의 바탕

위에서 행해지고 있었고, 그것이 유교의 상례가 가신 숙유에 대한 관념과 유사하였기 때문에, 커다란 문화적 충격 없이도 유교식 상례가 정착할 수 있었던 것으로 보인다.

우리나라의 유교식 상례는 대체로 주희(朱熹)가 쓴 〈가례(家禮)〉의 영향을 받아 만들어진 조선시대 여러 예서(禮書)들의 준칙에 따라 관행되고 있다. 그러나 오늘날 실제로 행하고 있는 것을 보면 예서에 나와 있는 규정을 상당히 생략하거나 달리하고 있으며, 지역이나 가문에 따라 상당한 차이가 있다.

또, 망자(亡者)의 지위에 따라서 의례 내용을 달리하기도 한다. 즉 유아사망과 혼인 전 사망, 기혼자의 사망은 그 의례의 내용이 약간씩 다르다. 민간에서는 청장년의 사망을 흉상(凶喪)이라 하고, 노년의 사망을 호상(好喪) 또는 길상(吉喪)이라고도 하여 구별하고 있다. 또 상례는 다른 의례와는 달리 그것이 인간의 최종 통과 의례라는 점에서 도시와 농촌을 막론하고 보수적인 성격을 띠고 전승되어 왔다.

그러나 오늘날 특히 도시에서는 생활환경과 경제관념의 변화, 의례 전문가의 부족, 가정의례준칙이나 장의사 등의 일반화로 비교적 간소하게 행해지고 있으며, 특히 주검의 처리에 있어서 화장이 성행하고, 비록 매장을 하더라도 묘지의 선택에 관한 관념이 변하여 공원묘지 등이 성행하게 되었다.

우리나라 상례의 변천은 상고시대, 고려시대, 조선시대, 오늘날의 상례로 대별하여 살펴보는 것이 편리하다. 고려 말기까지의 상례가 어떻게 시행되었는지에 대해서는 보다 많은 연구가 이루어져야 그 구체적 모습을 파악할 수 있겠지만, 무속적·불교적 상례가 주로 행하여졌을 것으로 생각된다. 조선시대에 와서는 고려 말부터 유입되기 시작한 유교식 상례가 확산되는 한편, 민간에서는 무속적인 상례가 지속적으로 행하여졌던 것으로 보인다. 고려시대 이전의 상례는 장례에 대한 약간의 기록과, 현존하는 고분의 발굴결과로 알 수 있는 묘제(墓制)를 통하여 추론할 수 있을 뿐이다.

부여 등지에서는 순장(殉葬)의 풍속이 있었으며, 〈삼국지〉 '부여전(夫餘傳)'에 의하면, 여름철에 사람이 죽으면 모두 얼음을 사용하며, 귀인에 대한 순장의 풍속이 있어 많을 때는 수백 인에 이르렀다고 한다.

또 지장(遲葬)의 풍속이 있어 길면 5개월까지 이르는 경우가 있었으며, 상주는 치장(治葬)을 서두르지 않고 주위의 강청에 의해서 행하는 것이 망자에 대한 도리라고 믿고 있었다. 부여에서는 또 세골장(洗骨葬)과 같은 장법이 있었는데, 〈삼국지〉 '위서 동이전 부여조'에 의하면, 시체를 산 위에 두었다가 부란(腐爛)한 뒤에 내어준다고 하였다.

고구려에서도 순장의 풍습이 있었으며, 사람이 죽으면 후하게 장례를 치렀다는 기록이 있다. 〈삼국사기〉 '고구려본기'에는 왕의 장례에 너무 많은 사람이 순장을 당하게 되므로 248년 이를 금지시켰다고 하고 있다. 〈삼국지〉 '위서 동이전'에 의하면,

사람이 죽으면 100일간 미루었다가 성대하게 장례를 치르는데, 이때 재물을 탕진하였다고 한다.

또 진한 지방에서는 장례식 때 큰 새의 날개를 함께 묻는 풍습이 있었다. 오늘날 고분에서 발굴되는 새 깃 모양의 관식(冠飾)과 연관성을 가지는 것이다.

옥저에서는 세골장이 있었다. 〈삼국지〉 '위서 동이전'에 의하면, 길이 10여 장의 큰 목관을 만들어 목관 위에 사람의 머리가 들어갈 정도의 입구를 열어 두고, 씨족원 중에 사람이 죽으면 모두 일시 가매장을 하였다가 피육(皮肉)이 탈진한 뒤에 뼈를 수습하여 곽 속에 다시 순서대로 넣으며, 토기에 쌀을 넣어 목관의 입부분에 매달아둔다고 한다.

신라시대의 초기에는 순장의 풍속이 있었던 것으로 보인다. 〈삼국사기〉 '신라본기'에 의하면 503년 순장금지령을 내렸다고 기록되어 있기 때문이다. 이와 같이, 삼국통일 이전의 장례에 대한 몇 가지 기록을 통하여 보면, 이때의 상례는 무속적 의례로 행하여졌음을 추론할 수 있다. 순장과 세골장의 관념이 무속의 내세관과 맥락을 같이하고 있기 때문이다.

즉 순장과 세골장은 망령이 왕생(往生)할 수 있다는 무속적 관념을 바탕으로 하여 행하여진 것이기 때문이다. 삼국시대인 4·5세기 사이에 중국에서 불교와 유교가 들어오고, 7세기에는 도교가 들어오면서 사상과 신앙에 변화가 일어나고, 더불어 상례의 관행도 바뀌었을 것으로 추정된다.

심국통일 진후 신라의 매장법과 화장법은 이러한 영향을 잘 반영해준다. 화장은 불교적 다비(茶毘)에서 영향을 받은 것인데, 문무왕의 유조(遺詔)에 의하여 그를 화장하고 유골을 동해안의 대왕암에 흩은 것으로도 입증된다.

제34대 효성왕, 제37대 선덕왕, 제38대 원성왕 등도 유명(遺命)에 의하여 화장하였다는 기록이 〈삼국사기〉에 있다. 화장하여 유골을 매장하거나 흩어버린 이와 같은 이중장제는 신라지역에서 많이 발견되는 골호(骨壺)를 보아서도 능히 알 수 있다. 삼국을 통일한 신라는 숭불·숭유 정책을 병용하였기 때문에 장제에도 불교식 다비와 유교식 매장을 병용하였다.

그러다가 신라 말엽에 참위설(讖緯說)과 풍수지리설(風水地理說)이 들어오게 되면서부터 매장의 풍속이 성하게 되었다. 고려는 불교를 국가의 지도 이념으로 하고, 한편으로는 민심을 수렴하기 위하여 도참설(圖讖說)을 숭상하고 도선(道詵)의 지리참위설을 정치에 이용하였기 때문에 상례와 장례가 다분히 이들의 영향을 받은 것 같다. 한편 풍수지리설과 묘지의 관계는 밀접하였다.

묘상(墓相)을 본 사실은 〈시경〉에도 보이며 가상(家相)과 함께 일찍부터 중국에서는 묘상도 보아왔다. 고려 말에는 풍수설에 의하여 천도설(遷都說)까지 나올 정도로 풍수지리설은 일반대중 사이에 큰 매력이 되었다.

풍수는 장풍득수(藏風得水)에서 유래한 말이다. 장풍득수하여

지기(地氣)가 집중한 지상(地相)이야말로 이상적인 땅에서 묘지의 지기를 얻음으로써 사자의 자손은 번영할 수 있다고 믿었던 것이다.

고려시대는 불교가 국교의 위치에 있었기 때문에 후장(厚葬)의 풍속을 억제하였다고는 하지만, 976년에 법제화된 분묘제도를 보면, 그 장대함은 놀랄 정도이다. 한편으로는 숭불정책이 강화되어 화장의 풍습도 병행되었다.

그러나 충렬왕 때 주자학(朱子學)이 들어오고 유자(儒者)들이 정치적 실권을 잡으면서 공양왕에 이르러서는 불교의 상례인 다비법을 금지하였다. 이때부터 사대부계급은 불교식을 폐하고 주희의 〈가례〉에 의한 상례를 따르도록 하였다. 그래도 민간에서는 불교 및 무속적인 상례가 관행되었을 것이다.

유교식 상례가 우리나라에 유입된 구체적인 시기는 고려 충렬왕시대에 안향(安珦)에 의하여 〈주자전서(朱子全書)〉가 들어오고, 〈가례〉도 함께 연구되면서부터이다. 그러나 이때는 일부 지배층에 의하여 시행되고 논의되었을 뿐 확산되지는 않다가, 조선시대에 접어들면서 유교를 사회의 지도이념으로 확립하기 위한 목적과 더불어, 상례를 포함한 유교식 관혼상제의 사례가 지배층에 의하여 시행되기에 이르렀다.

이때 피지배층의 관혼상제도 유교식으로 행할 것을 규정하였지만, 그 활발한 시행은 조선시대 후기부터였다. 그 사이는 시행에 대한 지배층 내부의 논쟁을 통하여 이론적인 근거를 마련하는 시기였다. 그 결과 등장한 것이 주희의 〈가례〉에 대한 학문적 연구경향으로서 유학자들 간에 예학이 논의되기 시작하였다.

이러한 학문적 관심은 1659년 효종이 죽었을 때, 인조의 계비인 자의대비(慈懿大妃)의 복제를 1년으로 할 것인가, 3년으로 할 것인가에 대한 논쟁 기해예송(己亥禮訟)에까지 이르렀다.

이러한 예송을 통하여 예학은 활발한 진전을 이루었지만, 이론적인 근거에 대해서는 의견의 일치를 보지 못한 채, 결과적으로 주자의 〈가례〉의 내용을 어기지 않는 범위 내에서 각각 다르게 행하게 되었다.

여기에서 가가례(家家禮)라는 말이 나오게 되었다. 이와 같은 사정에도 불구하고 모든 사람들이 지속적으로 유교적 상례를 시행하지는 않았다.

그 이유로는 예로부터 시행해 오던 비유교적 상례의 보수성과 유교적 상례의 지나친 형식성과 복잡성을 들 수 있겠다. 그 결과 유교적 상례를 중심으로 하면서도 그것을 실용적으로 단순화하는 방향에서 상례가 행하여져 왔다.

따라서 현행의 유교식 상례에서도 비유교적인 요소가 함께 습관화되어 있음을 볼 수 있다. 이러한 양상으로 상례가 관행되어 오다가 기독교가 수용되자, 일부에서는 기독교식 상례가 행하여지고, 한편으로는 1912년에 발표된 〈화장취체규칙(火葬取締規則)〉에 의하여 화장장과 공동묘지가 대도시에서 활발히

이용되었으며, 사회운동단체의 합동상이나 사회상이 시행되기
도 하였다.

그 밖에도 1934년에 발표한 의례준칙과 1961년의 의례준
칙, 1969년의 가정의례준칙의 제정 등은 상례의 절차와 상복
제(喪服制)를 대폭 간소화시키는 계기가 되었다. 또한 오늘날
도시사회에서는 도시적 생활양식에 대한 적응의 결과로 장의
사가 상례를 담당하게 되고, 공동묘지나 화장장의 이용률이 높
아지면서 유교식 상례가 간소화되었다.

7. 제례장(祭禮章)

祭祀　當依家禮　必立祠堂　以奉先主　置祭田　具祭
제사　당의가례　필립사당　이봉선주　치제전　구제

器　宗子主之主祠堂者　每晨　謁于大門之內　再拜
기　종자주지주사당자　매신　알우대문지내　재배

(雖非主人　隨主人同謁　無妨)　出入　必告　或有水火
수비주인　수주인동알　무방　출입　필고　혹유수화

盜賊　則先救祠堂　遷神主遺書　次及祭器　然後及家
도적　즉선구사당　천신주유서　차급제기　연후급가

財　正(正朝)　至(冬至)　朔(一日)　望(十五日)　則參
재　정정조　지동지　삭일일　망십오일　즉참

俗節則薦以時食　時祭則散齊四日　致齊三日　忌祭則
속절즉천이시식　시제즉산제사일　치제삼일　기제즉

散齊二日　致齊一日　參禮則齊宿一日　所謂散齊者
산제이일　치제일일　참례즉제숙일일　소위산제자

不弔喪　不問疾　不茹葷　飮酒不得至亂　凡凶穢之事
불조상　불문질　불여훈　음주불득지란　범흉예지사

皆不得預(若路中猝遇凶穢　則掩目而避　不可視也)
개불득예　약로중졸우흉예　칙엄목이피　불가시야

所謂致齊者　不聽樂　不出入　專心想念所祭之人　思
소위치제자　불청악　불출입　전심상념소제지인　사

其居處　思其笑語　思其所樂　思其所嗜之謂也　夫然
기거처　사기소어　사기소요　사기소기지위야　부연

後　當祭之時　如見其形　如聞其聲　誠至而神享也
후　당제지시　여견기형　여문기성　성지이신향야

凡祭 主於盡愛敬之誠而已 貧則稱家之有無 疾則量
범제　주어진애경지성이이　　빈즉칭가지유무　질즉량

筋力而行之 財力可及者 自當如儀 墓祭 忌祭 世
근력이행지　재력가급자　자당여의　묘제　기제　세

俗 輪行 非禮也 墓祭則雖輪行 皆祭于墓上 猶之可
속　륜행　비례야　묘제즉수륜행　개제우묘상　유지가

也 忌祭 不祭于神主 而乃祭于紙榜 此甚未安 雖
야　기제　불제우신주　이내제우지방　차심미안　수

不免輪行 須具祭饌 行于家廟 庶乎可矣 喪祭二禮
불면륜행　수구제찬　행우가묘　서호가의　상제이례

最是人子致誠處也 已沒之親 不可追養 若非喪盡其
최시인자치성처야　이몰지친　불가추양　약비상진기

禮 祭盡其誠 則終天之痛 無事可寓 無時可洩也
례　제진기성　즉종천지통　무사가우　무시가설야

於人子之情 當如何哉 曾子曰 愼終追遠 民德歸厚
어인자지정　당여하재　증자왈　신종추원　민덕귀후

矣 爲人子者 所當深念也 今俗 多不識禮 其行祭
의　위인자자　소당심념야　금속　다불식례　기행제

之儀 家家不同 甚可笑也 若不一裁之以禮 則終不
지의　가가불동　심가소야　약불일재지이례　즉종불

免紊亂無序 歸於夷虜之風矣 茲鈔祭禮 附錄于後
면문란무서　귀어이로지풍의　자초제례　부록우후

且爲之圖 須詳審倣行 而若父兄不欲 則當委曲陳達
차위지도　수상심방행　이약부형불욕　즉당위곡진달

期於歸正
기어귀정

제사는 마땅히 〈가례(家禮)〉에 따라서 반드시 사당을 세워 선대의 신주를 모시고 위토답(位土畓)을 마련하여 제기(祭器)를 갖춘 뒤에 종자(宗子)가 이것을 주관해야 한다.

사당을 주관하는 사람은 매일 새벽에 대문 안에서 재배하고, 주관하는 사람이 아니라고 해도 주관하는 사람을 따라 함께 뵙는 것은 무방하다. 나들이할 때는 반드시 고하여야 한다.

혹 수재(水災)나 화재(火災)가 생기거나 도둑이 들면 먼저 사당부터 구하고, 신주와 대물려온 책들을 옮긴 다음에 제기를 치우고, 그 뒤에 집안의 재물을 구한다.

설날이나 동지, 초하루나 보름에 사당에 참례하고, 단오나 추석 등 재래의 명절에는 그 계절의 음식을 올린다.

시제(時祭)는 산재(散齋)를 4일 하고 치재(致齋)를 3일 하며, 기제(忌祭)는 산재를 2일 하고 치재를 1일 하며, 참례(參禮)는 재숙(齋宿)을 1일 한다.

산재라는 것은 조문하지 않고 문병하지 않고, 육식(肉食)하지 않고, 술을 마셔도 취하게 마시지 않으며, 모든 흉악한 일에 참여하지 않는 것이다. 만일 길에서 흉하고 추악한 것을 갑자기 만나면 눈을 가리고 피하여 보지 말아야 한다.

치재라는 것은 음악을 듣지 않고 나들이하지 않고 전심으로 제사를 받들 부모나 조상만을 생각하여, 거처하던 것을 회상하고, 웃고 말씀하던 것을 회상하고, 좋아하던 것을 회상하고, 즐기던 음식을 회상하는 것을 이른다. 이렇게 해야 제사를 올릴 때에 모습이 보이는 듯하고 음성이 들리는 듯할 것이다. 정성이 지극해야 신이 흠향하는 것이다.

대체적으로 제주(祭主)는 사랑하는 마음과 공경하는 정성을 다할 뿐이다. 가난하면 집의 형편에 어울리게 하고, 병이 있으면 자신의 기운을 헤아려 제사를 지내야 한다. 재물과 자신의 기운이 미칠 수 있는 사람이면 의당 의식대로 행해야 한다.

묘제(墓祭)와 기제를 세속에서는 자손들 사이에 돌려가며 지내는데 이것은 예의가 아니다. 묘제는 비록 돌아가며 지낸다 하더라도 모두 묘소에서 제사를 올리는 것이니 그런대로 괜찮겠으나, 기제는 신주(神主)에 제사 지내지 않고 지방(紙榜)에 제사를 지내야 하니 매우 죄송한 일이다. 비록 돌아가며 지내더라도 제물을 갖추어 가묘(家廟)에서 지낸다면 괜찮다고 할 수 있다.

상제(喪祭)의 두 가지 예절은 자손으로서 가장 정성을 쏟아야 할 부분이다. 이미 돌아가신 부모는 다시 봉양할 수 없으니, 만일 초상에서 예를 다하지 않고 제사에서 정성을 다하지 못했다면 그 영원한 애통을 붙일 곳이 없고 흘려버릴 만한 때가 없을 것이니, 자식으로서 그 정의가 어떠하겠는가. 증자(曾子)의 말에, 신종(愼終)하고 추원(追遠)하면 백성의 덕이 후한 데로 돌아간다고 하였으니, 사람의 자식으로서 의당 깊이 명심하여야 한다.

요즈음 풍속에서 흔히 예를 몰라서, 제사 지내는 의식이 집집마다 다르니 매우 가소롭다. 만일 예법대로 한번 제재하지 않게 되면 끝내는 문란하고 질서가 없어 오랑캐의 풍속이 됨을 면치 못할 것이다. 이에 제례를 초록하여 뒤에 부록으로 붙이고 또 그것을 위해 도식을 마련했다. 자세히 살펴 본떠 행하되 만일 부형이 들어 주시지 않거든 진심으로 아뢰어서 기필코 바르게 되도록 해야 한다.

[訓讀]

*祀 : 제사 사. *祠 : 사당 사. *遷 : 옮길 천. *朔 : 초하루 삭. *薦 : 천거할 천. *忌 : 꺼릴 기. *茹 : 먹을 여. *薰 : 향풀 훈. *穢 : 더러울 예. *猝 : 갑자기 졸. *掩 : 가릴 엄. *嗜 : 즐길 기. *榜 : 매 방. *饌 : 반찬 찬. *廟 : 사당 묘. *庶 : 여러 서. *洩 : 샐 설. *裁 : 마름질할 재. *紊 : 어지러울 문. *虜 : 포로 로. *倣 : 본뜰 방.

[語釋]

*사당(祠堂) : 그 집안 조상신의 위패를 모셔 놓은 집. = 家廟. *선주(先主) : 선조의 신주. *제기(祭器) : 제사에 쓰는 그릇. *제전(祭田) : 위토. 그 수입을 조상의 제사에 쓰기 위하여 마련해 놓은 전답. *종자(宗子) : 종가(宗家)의 맏아들. *필고(必告) : 꼭 아룀. 반드시 고함. *선구사당(先救祠堂) : 먼저 사당을 구출함. *유서(遺書) : 선조가 남겨 놓은 책. *차급제기(次及祭器) : 다음에 제기를 구출함.

*가재(家財) : 살림살이에 필요한 물건. *정조(正朝) : 정월 1일. *농지(冬至) : 24절기의 하나. *참(參) : 참지(參詣)함. *속절(俗節) : 명절. *천(薦) : 천신(薦神). 올림. *시식(時食) : 그 계절의 음식. *시제(時祭) : 춘하추동 사시에 일월산천 등에 지내는 제사. 시사. *산제(散齊) : 7일간의 재계. *치제(致齊) : 3일간의 재계. *기제(忌祭) : 죽은 날에 지내는 제사. *참례(參禮) : 예식에 참례함. *제숙(齊宿) : 재계하고 하룻밤을 지냄. *여훈(茹葷) : 훈채를 데쳐서 먹음. 葷은 마늘이나 파 같은 채소. 茹는 데치는 것. *흉예(凶穢) : 흉하고 더러움. *신향(神享) : 신이 흠향함. *가급자(可及者) : 가능한 사람. *여의(如儀) : 예법대로. *묘제(墓祭) : 무덤 앞에서 지내는 제사. *세속윤행(世俗輪行) : 자손들이 돌려가며 제사를 지내는 것. *유지가야(猶之可也) : 오히려 좋다. *제찬(祭饌) : 제수로 마련한 음식. *紙榜(지방) : 신주 대신 종이에 조상의 서열 관계와 관직을 적은 것. 종잇조각에 지방문을 써서 만든 신주(神主). *치성(致誠) : 정성을 다하다. *추양(追養) : 뒤쫓아 가서 돌아가신 부모를 봉양하다. *종천지통(終天之通) : 친상의 슬픔. 가없는 슬픔. *신종(愼終) : 어버이의 상사(喪事)를 정중히 함. *추원(追遠) : 조상을 생각하고 제사지내다. *귀후(歸厚) : 돈후(敦厚)한 데로 돌아가다. *이로지풍(夷虜之風) : 오랑캐의 풍속. *진달(陳達) : 말하여 밝힘. 설명함. *초(鈔) : 노략질하다. 약탈하다. *위곡(委曲) : 자세한 사정이나 곡절. 불만스러운 점이 있어도 몸을 굽혀 일의 성취를 바란다는 뜻.

[大意]

　제례장에서는 제사를 지내는 절차에 대하여 자세하게 설명했다.

　제사는 당연히 〈주자가례〉에 따라 지내되, 꼭 사당(祠堂)을 세워서 그곳에 선조의 신주(神主)를 모시고 제전(祭田)을 마련하며, 제기(祭器)를 구비하여 종자손(宗子孫)이 이를 주관해야 한다.

　사당을 맡고 있는 사람은 새벽마다 사당의 대문 안으로 들어가서 두 번 절하고(비록 주관하는 사람이 아닐지라도 주관하는 사람을 따라 같이 뵈어도 무방하다), 출입할 때에는 반드시 사당에 고하여야 한다.

　혹 사고를 당하면 먼저 사당을 구출하여 신주(神主)와 유서(遺書)를 옮기고, 다음에 제기를, 그런 다음에 가재도구를 옮긴다. 정월 초하룻날과 동짓날, 매월 초하루와 보름에는 사당에 참례(參禮)하고, 명절에는 제 철의 음식을 올린다.

　시제(時祭)를 지낼 때에는 4일 동안 산재(散齊)를 하고 3일 동안 치재(致齊)를 하며, 기제(忌祭)를 지낼 때에는 2일 동안 산재를 하고 1일 동안 치재하며, 참례를 지낼 때에는 1일 동안 재숙(齊宿)을 한다.

　산재는 초상 때에 다른 집에 조문을 하지 않고 병문안을 하지 않으며, 훈채를 먹지 않고, 술을 취하도록 마시지 않으며, 흉하고 더러운 일에는 어디든지 참례하지 않는 것을 말한다.

치재는 음악을 듣지 않고, 밖에 나들이하지 않으며, 마음에는 오직 제사를 받들 생각만 하여, 돌아가신 이의 살아 있을 때의 모습만을 생각하는 것을 말한다.

그렇게 해야 제사를 받들면 죽은 사람의 얼굴이 보이고 그음성이 들리는 것 같아서, 그 정성으로 하여금 흠향(歆饗)하게되는 것이다.

대체로 제사는 사랑과 공경의 정성을 다하는 것뿐이다. 가난하면 가난한 대로 할 것이고, 몸이 아프면 힘이 닿는 만큼만 하면 된다. 재력(財力)이 있는 사람은 스스로가 마땅히 예법대로하면 된다.

세상 풍속에 묘제(墓祭)와 기제(忌祭)를 자손들이 돌려가며 지내는데, 이것은 예의가 아니다. 묘제는 돌려가며 지내면 모두가 묘 앞에서 지내니 오히려 좋지만, 기제를 신주(神主)에게 제사지내지 않고 지방(紙榜)을 써 붙이니 이는 몹시 면구스러운일이다. 비록 돌려가며 지낼지라도 꼭 제찬(祭饌)을 갖추어서가묘(家廟)에 가서 지내는 것이 그래도 좋을 것이다.

상례와 제례의 두 가지 예의 중 가장 옳은 것은 사람의 자식으로서 정성을 다한다는 것이다. 이미 돌아가신 부모를 뒤쫓아가서 섬길 수는 없는 것이니, 장례(葬禮)와 제사에 그 정성을 다해야 한다.

사람의 자식 된 도리로 어떻게 하는 것이 마땅한가? 증자(曾子)가 말하기를, 부모의 장례나 제사를 정중히 모셔서 추모하면 백성의 넉넉한이 돈후하게 된다고 했으니, 사람의 사식 된 도리로 깊이 생각해야 옳은 일이다.

요즘의 풍속이 흔히 예의를 알지 못해서, 제사를 지내는 의식이 집집마다 다르니 우스운 일이다. 마련한 예법으로 일관하지 않으면 문란하고 질서가 없어져서 오랑캐의 풍속으로 돌아갈 것이다.

그래서 제례를 초록(抄錄)하여 책 끝에 부록을 삼고 또 그림까지 붙이니, 반드시 면밀히 살피고 본받아서 실천해야 하고, 만일 그렇게 하려고 하지 않으면 자세하게 설명하고 밝혀서 바로잡도록 해야 한다.

'제례(祭禮)'

상장례는 죽은 사람의 자식이 예식의 주인이 되므로, 일반적으로 상장례라고 이야기할 때에는 부모의 상을 당하여 예식을 치르는 절차를 말한다. 우리 민족은 전통적으로 부모와 자식이 세상을 이어간다고 믿는 계세 사상을 가지고 있다. 부모가 자식의 손을 잡고 눈을 감으면, 부모는 죽되 그 자식과 그 자손을 통해 영원히 산다고 믿는 것이다.

제례는 일반적으로 신령에게 술과 음식을 바치며 기원을 드리거나 죽은 사람을 추모하는 의식이다. 원시 고대인들은 우주 자연의 모든 현상과 변화에 대하여 경이와 공포심을 느끼고, 초월자나 절대자를 상정하여 그를 대상으로 삶의 안식과 안락을 기원하는 의식을 행하였다. 우리나라를 비롯한 동양에서는 아득한 옛날부터 천지의 신명을 받들고 복을 비는 제사 의례를 생활하였다. 예로부터 하늘을 공경하여 제천 의식을 거행하였고, 농경이 시작되면서 풍년을 기원하는 여러 제사 의식이 생겨나기도 하였다.

이것은 모두가 생명을 부여하고 그 성장과 소멸을 주관하는 자연의 힘에 대한 경외와 감사, 그리고 주어진 생명을 잘 보존하고 유지하며 풍요롭고 안락한 삶을 기원하는 마음에서 비롯된 의례이다. 제례는 자신을 이 세상에 존재하게 해 준 근본, 즉 생명의 근원인 자연과 자신의 뿌리인 조상을 공경하는 마음의 표현이며, 자신의 근원을 잊지 않고 감사하는 보은 의식을 담고 있다.

원시시대 사람들은 자연 현상과 천재지변의 발생을 경이와 공포의 눈으로 보았으며, 4계절의 운행에 따른 만물의 생성화육(生成化育)으로 인간이 생존할 수 있음을 감사하였다. 천(天)·지(地)·일(日)·월(月)·성신(星辰)·산(山)·천(川) 모든 것에 신령이 깃들여 있다고 생각하여 신의 가호로 재앙이 없는 안락한 생활을 기원하였는데, 이것이 제사의 기원이다. 제사는 인문(人文)의 발달에 따라 일정한 격식을 갖추었으며, 이것이 곧 제례인 것이다.

중국에서는 이미 요(堯)·순(舜) 시대에 제사한 기록이 〈서경(書經)〉과 〈사기(史記)〉 등에 실려 있다. 특히 동양에서는 윤리나 도덕관념의 앙양과 함께 조상 숭배가 크게 성행하여 조상에 대한 제례가 하(夏)·은(殷) 시대를 거쳐 주대(周代)에 확고하게 갖추어졌다.

한국에서 제례의 시초는 부여(夫餘)에서 영고(迎鼓)라 하여 12월에 하늘에 제사하였고, 고구려에서는 동맹(東盟)이라 하여 10월에 하늘에 제사지냈으며, 동예(東濊)에서는 무천(舞天)이라 하여 10월에 하늘에 제사지낸 기록이 있다. 마한(馬韓)에는 소도(蘇塗)라는 신역(神域)이 있어 솟대를 세우고 북과 방울을 달아 천군(天君)이 신을 제사지냈다. 신라에서는 남해왕(南解王) 때에 혁거세묘(赫居世廟)를 세우고 혜공왕(惠恭王) 때에 5묘(廟)의 제도를 정했으며, 산천도 제사지냈다.

백제에는 동명묘(東明廟)가 있었다. 고려시대에 중국의 제도를 본떠 원구(圜丘:천신을 제사지내는 원형의 단)·방택(方澤:지기를 제사지내는 사각형의 단)·사직(社稷)·종묘(宗廟)·능침(陵寢)·선농단(先農壇)·선잠단(先蠶壇)·문선왕묘(文宣王廟)·마조단(馬祖壇)·사한단(司寒壇:氷神을 모신 단) 등을 설치하고 예절을 갖추어 제사지냈다. 그리고 명산·대천·우사(雨師)·운사(雲師)·뇌사(雷師) 등도 제사지냈다. 조선시대에도 원구와 방택만을 제외하고 고려의 제도를 그대로 따랐다.

사가(私家)의 제례는, 고려시대에는 대부(大夫) 이상은 증조까지 3대, 6품 이상의 벼슬아치는 할아버지까지 2대, 7품 이하의 벼슬아치와 평민은 부모만을 가묘(家廟)를 세워 제사지내게 했으나, 조선시대에 이르러 〈주자가례(朱子家禮)〉에 근거를 두어 신분을 가리지 않고 고조까지 4대를 봉사(奉祀)하게 했다.

오늘날에는 전주이씨(全州李氏)의 종약원(宗約院)이 거행하는 종묘의 제향, 서울의 성균관과 지방의 향교에서 유림(儒林)이 거행하는 문묘(文廟)의 제향, 유림이 거행하는 각 서원의 제향, 사가의 조상 제사 이외의 다른 것은 찾아볼 수 없다.

제례의 의식 절차를 참고해 보면 다음과 같다.

① 참신(參神) : 신께 뵙는 의식으로, 주인 이하 모두 신위를 향하여 2번 절한다. 부녀자는 4배(拜)가 항식(恒式)이다. 신주가 없어서 지방을 모실 때는 먼저 강신하고 뒤에 참선한다.

② 강신(降神) : 신을 강림하게 하는 의식이다. 주인이 앞으로 나아가 분향하고 조금 뒤로 물러나서 선다. 집사 한 사람이 주가 위의 강신 잔반(잔과 잔대)을 집어서 주인이 왼쪽에 서고, 또 한 사람이 술 주전자를 잡고 오른쪽에 선다. 주인이 꿇어앉으면 잔반을 잡은 자도 꿇어앉아 잔반을 주인에게 준다. 주인이 이를 받으면, 주전자를 잡은 자도 꿇어앉아 잔에 술을 따른다. 주인은 왼손으로 잔대를 잡고 오른손으로 잔을 잡아 모사 그릇에 3번 기울여 붓는다. 몸을 굽혀 엎드렸다가 일어나서 재배하고 제자리로 돌아와 선다.

③ 진찬(進饌) : 주인이 앞으로 나가면 주부(主婦)가 뒤를 따른다. 집사 한 사람은 반(盤)에 고기와 생선, 한 사람은 편과 면, 또 한 사람은 반(飯)과 갱(羹)을 받들고 따른다. 주인은 고기·생선·갱을, 주부는 편·면·반을 받들어서 제자리에 올려놓는다. 진찬을 마치면 주인 이하 모두 제자리로 돌아와 선다.

④ 초헌(初獻) : 처음으로 술을 드리는 의식이다. 주인이 신위 앞에 나아가 꿇어앉으면, 오른쪽의 집사가 신위 앞에 놓인 잔반을 받들어 주인에게 주고 술 주전자를 잡아 술을 잔에 따른다. 주인은 이것을 왼쪽 집사에게 주어 신위 앞에 엎드리게 한다. 오른쪽 집사가 다시 신위 앞의 잔반을 받들어 주인에게

수며, 수이은 잔반을 받아 왼손으로 잔대를 잡고 오른손으로 잔을 잡아 모사 그릇에 3번 조금씩 기울여 따르고, 잔반을 다시 집사에게 주어서 제자리에 놓게 한다. 몸을 굽혀 엎드렸다가 일어나 조금 뒤로 물러나 선다. 주인의 형제 가운데 한 사람이 육적(肉炙)을 받들어 신위 앞에 있는 시접 남쪽에 놓는다. 그리고 반개(飯蓋 : 밥그릇의 뚜껑)를 열어서 남쪽에 놓은 다음 물러나 제자리에 선다. 축관(祝官)이 축판(祝板)을 들고 주인의 왼편에 섰다가 동쪽을 향해 꿇어앉으면, 주인 이하 모두 무릎을 꿇는다. 축문을 읽는다.

⑤ 아헌(亞獻) : 주부가 잔을 올리는 의식으로, 절차는 초헌과 같으나 축을 읽지 않으며, 적(炙)을 진설한 다음 주부가 4배하고 자리에 물러나 선다.

⑥ 종헌(終獻) : 주인의 자질(子姪)들이 잔을 올리는 의식으로 절차는 아헌과 같으며, 적을 진설한 다음 헌자(獻者)는 재배하고 자리에 선다.

⑦ 유식(侑食) : 영위에게 음식을 권하는 의식으로 집사자가 잔에 첨주한 다음 젯메에 숟가락을 꽂고 젓가락을 시접 위에 올려놓되, 손잡이 부분이 서쪽으로 가게 한다.

⑧ 합문(闔門) : 유식이 끝나면 주인 이하가 문 밖으로 나가 잠시 기다리는데 이것을 합문이라 한다.

⑨ 계문(啓門) : 축이 3번 기침을 하고 문을 열면, 주인 이하가 다시 들어가 자리에 서고, 집사자는 국을 물리고 숭늉을 진

설한 후 숟가락과 젓가락으로 밥을 3번 떠서 물에 만다.

⑩ 사신(辭神) : 의식이 끝나는 절차로 주인 이하가 꿇어앉으면, 집사자가 숟가락과 젓가락을 내려 시접에 얹고 밥뚜껑을 덮은 다음 일동이 재배한다. 축과 지방을 태우고, 신주일 경우는 독개(櫝蓋)를 덮은 다음 가묘로 환봉(還奉)하는데, 주인 이하가 따른다. 그 후 집사자는 진설한 제물을 물린다.

8. 거가장(居家章)

凡居家　當謹守禮法　以率妻子及家衆　分之以職　授
범거가　당근수례법　이솔처자급가중　분지이직　수

之以事　而責其成功　制財用之節　量入而爲出　稱家
지이사　이책기성공　제재용지절　량입이위출　칭가

之有無　以給上下之衣食　及吉凶之費　皆有品節　而
지유무　이급상하지의식　급길흉지비　개유품절　이

莫不均一　裁省冗費　禁止奢華　常須稍存贏餘　以備
막불균일　재생용비　금지사화　상수초존영여　이비

不虞　冠婚之制　當依家禮　不可苟且從俗　兄弟　同
불우　관혼지제　당의가례　불가구차종속　형제　동

受父母遺體　與我如一身　視之　當無彼我之間　飮食
수부모유체　여아여일신　시지　당무피아지간　음식

衣服有無　皆當共之　設使兄飢而弟飽　弟寒而兄溫
의복유무　개당공지　설사형기이제포　제한이형온

則是一身之中　肢體或病或健也　身心　豈得偏安乎
즉시일신지중　지체혹병혹건야　신심　기득편안호

今人　兄弟不相愛者　皆緣不愛父母故也　若有愛父母
금인　형제불상애자　개연불애부모고야　약유애부모

之心　則豈可不愛父母之子乎　兄弟　若有不善之行
지심　즉기가불애부모지자호　형제　약유불선지행

則當積誠忠諫　漸喩以理　期於感悟　不可遽加厲色拂
즉당적성충간　점유이리　기어감오　불가거가려색불

言　以失其和也　今之學者　外雖矜持　而內鮮篤實
언　이실기화야　금지학자　외수긍지　이내선독실

夫婦之間　衽席之上　多縱情慾　失其威儀　故夫婦不
부부지간　임석지상　다종정욕　실기위의　고부부불

相昵狎而能相敬者甚少　如是而欲修身正家　不亦難
상닐압이능상경자심소　여시이욕수신정가　불역난

乎　必須夫和而制以義　妻順而承以正　夫婦之間　不
호　필수부화이제이의　처순이승이정　부부지간　불

失禮敬然後　家事　可治也　若從前相狎　而一朝　遽
실례경연후　가사　가치야　약종전상압　이일조　거

欲相敬　其勢難行　須是與妻相戒　必去前習　漸入於
욕상경　기세난행　수시여처상계　필거전습　점입어

禮　可也　妻若見我發言持身　一出於正　則必漸相信
례　가야　처약견아발언지신　일출어정　즉필점상신

而順從矣　生子　自稍有知識時　當導之以善　若幼而
이순종의　생자　자초유지식시　당도지이선　약유이

不教　至於旣長　則習非放心　教之甚難　教之序
불교　지어기장　즉습비방심　교지심난　교지지서

當依小學　大抵一家之內　禮法與行　簡編筆墨之外
당의소학　대저일가지내　예법여행　간편필묵지외

無他雜技　則子弟亦無外馳畔學之患矣　兄弟之子　猶
무타잡기　즉자제역무외치반학지환의　형제지자　유

我子也　其愛之　其教之　當均一　不可有輕重厚薄也
아자야　기애지　기교지　당균일　불가유경중후박야

婢僕　代我之勞　當先恩而後威　乃得其心　君之於民
비복　대아지로　당선은이후위　내득기심　군지어민

主之於僕　其理一也　君不恤民則民散　民散則國亡
주지어복　기리일야　군불휼민즉민산　민산즉국망

主不恤僕則僕散　僕散則家敗　勢所必至　其於婢僕

주불휼복즉복산　복산즉가패　세소필지　기어비복

必須軫念飢寒　資給衣食　使得其所　而有過惡　則先

필수진념기한　자급의식　사득기소　이유과악　즉선

須勤勤敎誨　使之改革　敎之不改然後　乃施楚撻　使

수근근교회　사지개혁　교지불개연후　내시초달　사

其心　知厥主之楚撻　出於敎誨　而非所以憎嫉　然後

기심　지궐주지초달　출어교회　이비소이증질　연후

可使改心革面矣　治家　當以禮法　辨別內外　雖婢僕

가사개심혁면의　치가　당이례법　변별내외　수비복

男女不可混處　男僕　非有所使令　則不可輒入內　女

남녀불가혼처　남복　비유소사령　즉불가첩입내　녀

僕　皆當使有定夫　不可使淫亂　若淫亂不止者　則當

복　개당사유정부　불가사음란　약음란불지자　즉당

黜使別居　毋令汚穢家風　婢僕　當令和睦　若有鬪鬩

출사별거　무령오예가풍　비복　당령화목　약유투혁

喧噪者　則當痛加禁制　君子憂道　不當憂貧　但家貧

훤조자　즉당통가금제　군자우도　불당우빈　단가빈

無以資生　則雖當思救窮之策　亦只可免飢寒而已　不

무이자생　즉수당사구궁지책　역지가면기한이이　불

可存居積豊足之念　且不可以世間鄙事　留滯于心胸

가존거적풍족지념　차불가이세간비사　류체우심흉

之間　古之隱者　有織屨而食者　樵漁而活者　植杖而

지간　고지은자　유직구이식자　초어이활자　식장이

耘者　此等人　富貴不能動其心　故能安於此　若有較

운자　차등인　부귀불능동기심　고능안어차　약유교

利害計豊約之念　則豈不爲心術之害哉　學者　要須以
리 해 계 풍 약 지 념　즉 기 불 위 심 술 지 해 재　학 자　요 수 이

輕富貴守貧賤爲心　居家　貧窶　則必爲貧窶所困　失
경 부 귀 수 빈 천 위 심　거 가　빈 구　즉 필 위 빈 구 소 곤　실

其所守者多矣　學者　正當於此處用功　古人曰　窮視
기 소 수 자 다 의　학 자　정 당 어 차 처 용 공　고 인 왈　궁 시

其所不爲　貧視其所不取　孔子曰　小人　窮斯濫矣
기 소 불 위　빈 시 기 소 불 취　공 자 왈　소 인　궁 사 람 의

若動於貧窶　而不能行義　則焉用學問爲哉　凡辭受取
약 동 어 빈 구　이 불 능 행 의　즉 언 용 학 문 위 재　범 사 수 취

與之際　必精思義與非義　義則取之　不義則不取　不
여 지 제　필 정 사 의 여 비 의　의 즉 취 지　불 의 즉 불 취　불

可毫髮放過　若朋友　則有通財之義　所遺　皆當受
가 호 발 방 과　약 붕 우　즉 유 통 재 지 의　소 유　개 당 수

但我非乏而遺以米布　則不可受也　其他相識者　則只
단 아 비 핍 이 유 이 미 포　즉 불 가 수 야　기 타 상 식 자　즉 지

受其有名之饋　而無名則不可受也　所謂有名者　賻喪
수 기 유 명 지 궤　이 무 명 즉 불 가 수 야　소 위 유 명 자　부 상

賙行　助婚禮　周飢乏之類　是也　若是大段惡人心所
신 행　조 혼 례　주 기 핍 지 류　시 야　약 시 대 단 악 인 심 소

鄙惡者　則其饋雖有名　受之　心必不安　心不安　則不
비 오 자　즉 기 궤 수 유 명　수 지　심 필 불 안　심 불 안　즉 불

可抑而受之也　孟子曰　無爲其所不爲　無欲其所不欲
가 억 이 수 지 야　맹 자 왈　무 위 기 소 불 위　무 욕 기 소 불 욕

此是行義之法也　中朝則列邑之宰　有私俸　故推其餘
차 시 행 의 지 법 야　중 조 즉 렬 읍 지 재　유 사 봉　고 추 기 여

可以周人之急矣　我國則守令　別無私俸　只以公穀
가 이 주 인 지 급 의　　아 국 즉 수 령　　별 무 사 봉　　지 이 공 곡

應日用之需　而若私與他人　則不論多少　皆有罪譴
응 일 용 지 수　　이 약 사 여 타 인　　즉 불 론 다 소　　개 유 죄 견

甚則至於犯贓　受者亦然　爲士而受守令之饋　則是乃
심 즉 지 어 범 장　　수 자 역 연　　위 사 이 수 수 령 지 궤　　즉 시 내

犯禁也　古者　入國而問禁　則居其國者　豈可犯禁乎
범 금 야　　고 자　　입 국 이 문 금　　즉 거 기 국 자　　기 가 범 금 호

守令之饋　大抵難受　若私與官庫之穀　則不論人之親
수 령 지 궤　　대 저 난 수　　약 사 여 관 고 지 곡　　즉 불 론 인 지 친

疏　名之有無　物之多寡　皆不可受也　(若分厚邑宰
소　　명 지 유 무　　물 지 다 과　　개 불 가 수 야　　약 분 후 읍 재

以衜中私財周急則或可受也)
이 아 중 사 재 주 급 즉 혹 가 수 야

　무릇 집에 있을 때에는 마땅히 삼가 예법을 지켜서 처자와
집안 식구들을 거느려야 할 것이니, 그들에게 담당할 일을 나
누어주고 할 일을 맡겨서 이루기를 요구하며, 재용(財用)의 씀
씀이를 절제하여 수입을 헤아려서 지출을 시행하며, 가산의 있
고 없음에 맞추어 윗사람과 아랫사람의 옷과 음식 및 길사와
흉사의 비용을 지급하되, 모두 등급대로 조절하여 균일하지 않
음이 없게 하며, 쓸데없는 비용을 줄이고, 항상 사치와 호화를
금지하여 모름지기 다소의 남음이 있게 해서 예기치 못한 일에
대비해야 할 것이다.

관례와 혼례의 제도는 마땅히 〈주사가례〉를 따라야 할 것이며, 구차스럽게 세속을 따르면 안 된다.

형제는 부모가 남겨 주신 몸을 함께 받아서 나와 더불어 한 몸과 같으니, 형제를 보기를 마땅히 저와 나의 구분이 없게 하여, 음식과 의복의 있고 없음을 모두 같이 해야 마땅하다. 가령 형은 굶주리는데 아우는 배부르고, 아우는 추운데 형은 따뜻하다면, 이는 한 몸 가운데에 지체(肢體)가 어떤 것은 병들고 어떤 것은 건강한 것과 같으니, 몸과 마음이 어찌 한쪽만 편안할 수 있겠는가. 요즘 사람들이 형제간에 서로 사랑하지 않는 것은 모두 부모를 사랑하지 않기 때문이다. 만일 부모를 사랑하는 마음이 있다면 어찌 그 부모의 자식을 사랑하지 않을 수 있겠는가. 형제가 만일 좋지 못한 행실을 저지르면 마땅히 정성을 쌓아 충고해서, 점차 도리로써 깨우쳐 감동하여 깨닫게 하기를 기약할 것이요, 갑자기 노여운 낯빛과 거슬리는 말을 하여 그 화합함을 잃어서는 안 된다.

요즘의 학자들은 겉으로는 비록 엄숙한 모습을 지키나 속으로는 독실한 이가 드물어서, 부부간에 이부자리 위에서 함부로 정욕을 부려서 그 몸가짐을 잃는 경우가 많다. 그러므로 부부가 서로 친압하지 않고 서로 공경할 줄 아는 이가 매우 적으니, 이와 같이 하면서 몸을 닦아 집안을 바로잡고자 한들 또한 어렵지 않겠는가. 반드시 남편은 화합하는 태도를 지니고 올바른 도리로 제어함이 마땅하고, 아내는 유순하면서 올바른 도리로

써 받들어 부부 사이에 예의와 공경을 잃지 않은 뒤에 집안일을 다스릴 수 있을 것이다. 만일 종전에는 서로 친압하다가 하루아침에 갑자기 서로 공경하고자 한다면 그 자세가 행해지기 어려우니, 모름지기 아내와 더불어 서로 주의하여 반드시 전날의 습관을 버리고 점차 예의대로 하는 것이 옳을 것이다. 만일 아내가 남편이 말하고 움직이는 것이 한결같이 올바른 도리에서 나오는 것을 보게 되면 틀림없이 점점 서로 믿고 순종하게 될 것이다.

자식을 낳으면 조금 지각이 생길 때부터 마땅히 선으로 인도해야 할 것이다. 만일 어려서 가르치지 않고 이미 성장하게 되면 그른 것을 익히고 방심하게 되어 이를 가르치기가 매우 어려우니, 가르치는 차례는 〈소학(小學)〉을 따라야 마땅하다. 대체로 어떤 집안의 예법이 흥행하고, 서간이나 책이나 글씨를 쓰는 것 이외에 다른 잡기가 없으면, 자제들 또한 마음이 밖으로 달려서 배움을 저버리는 병통이 없을 것이다. 형제의 자식은 내 자식과 같으니 그를 사랑하고 가르치기를 같게 해야 마땅하며, 경중과 후박을 두어서는 안 된다.

비복들은 나의 수고로움을 대신하니, 마땅히 은혜를 먼저 베풀고 난 뒤에 위엄을 부려야 비로소 그들의 마음을 얻을 것이니, 임금이 백성을 대하는 것과 주인이 비복을 대하는 것은 그 이치가 같은 것이다. 임금이 백성을 돌보지 않으면 백성이 흩어질 것이고 백성이 흩어지면 나라가 망하며, 주인이 비복을 돌보지 않으면 비복이 흩어질 것이고 비복이 흩어지면 집이 패망하는 것은 형편상 틀림없이 이르게 되는 것이다. 그런 비복에 대하여 그들의 추위와 굶주림을 깊이 염려해서 반드시 옷과 밥을 대주어 제자리를 얻게 해야 마땅한 것이요, 허물과 악행이 있으면 부지런히 가르쳐서 먼저 그로 하여금 고치게 하고 가르쳐도 고치지 않으면 초달(楚撻)을 가해서 그 마음으로 하여금 주인의 초달이 가르침에서 나온 것이요, 미워해서가 아님을 알게 해야 하는 것이니, 그러면 마음을 고치고 얼굴을 바꾸게 될 것이다.

집안을 다스림에 예의적으로 내외를 분별하여 비록 비복이라도 남자와 여자가 뒤섞여 거처해서는 안 되는 것이 당연하다. 남자 종은 시키지 않으면 함부로 안에 들어가지 않게 하고, 계집종은 모두 정한 남편이 있게 하여 음란하지 말아야 마땅하며, 만일 음란한 짓을 그치지 않는 사람은 내쫓아 따로 거처하게 해서 가풍을 더럽히지 않게 하는 것이 마땅하다. 비복을 마땅히 화목하게 해야 할 것이니, 만일 싸우거나 시끄럽게 떠드는 자가 있거든 금지와 제재를 통렬하게 함이 마땅하다.

군자는 도를 근심할 것이요, 가난을 근심해서는 안 된다. 다만 집이 가난하여 의뢰하여 살아갈 수가 없으면 비록 빈궁에서 벗어날 대책을 생각해야 마땅하나 또한 다만 굶주림과 추위를 면할 뿐이요, 많이 쌓아 두고 풍족하게 살려는 생각을 가져서는 안 되며, 또 세간의 비루한 일을 마음속에 머물러 두어서는 안 된다. 옛날의 은사 숭에는 신을 삼아 팔아서 생활한 사람, 땔나무를 하거나 고기를 잡아서 생활한 사람, 지팡이를 꽂아 놓고 김을 매며 생활한 사람이 있었으니, 이런 사람들에게는 부귀가 그 마음을 움직일 수 없었다. 그러므로 이에 편안할 수 있었던 것이니, 만일 이해를 따지고 풍성함과 가난함을 헤아리는 생각이 있었다면 어찌 마음을 수양하는데 해롭지 않았겠는가. 배우는 사람은 모름지기 부귀를 가벼이 여기고 빈천을 지키는 것을 마음으로 삼아야 할 것이다.

집안 살림이 가난하면 반드시 가난에 쪼들려서 마땅히 지켜야 할 바를 잃는 자가 많다. 배우는 자는 바로 이런 것에 힘을 써야 한다. 옛 사람이 말하기를, 곤궁할 때에는 그가 하지 않는 바를 살펴보고, 가난할 때에는 그가 취하지 않는 바를 살펴본다고 했고, 공자는 말하기를, 소인은 곤궁하면 넘친다고 했으니, 만일 가난에 마음이 동요되어 올바른 도리를 행할 수 없다면 학문을 어디에 쓰겠는가?

무릇 사양하고 받으며 취하고 주는 즈음에는 반드시 의로운지 의롭지 않은지를 자세히 생각해서 의로우면 취하고 의롭지 않으면 취하지 않아서, 털끝만큼이라도 그대로 지나쳐 버리지 말아야 한다. 친구로 말하면 재물을 통용해서 쓰는 의리가 있으니 주는 것은 마땅히 받아야 하되, 다만 내가 궁핍하지 않은데도 쌀이나 삼베를 주면 받아서는 안 된다. 기타 서로 알고 지내는 사람은 다만 명분이 있는 선물을 받을 것이요, 명분이 없는 것은 받지 말아야 한다. 소위 명분이 있다는 것은 상사(喪事) 때의 부의나, 여행 때의 노자나, 혼인 때의 부조나, 굶주림을 구원해 주는 것 등이 이것이다.

만일 대단히 나쁜 사람이어서 마음에 추악하게 여기는 사람이면, 그 선물이 비록 명분이 있다 하더라도 받으면 마음이 편안하지 못할 것이니, 마음이 편안하지 않으면 그 마음을 억누르고 받아서는 안 된다. 맹자가 말하기를, 마땅히 하지 말아야 할 것을 하지 말고, 마땅히 바라지 말아야 할 것을 바라지 말라고 했으니, 이것이 바로 의를 행하는 방법이다.

중국에는 여러 읍의 수령들에게 사사로운 녹봉이 있어서, 그 중에서 남는 것을 미루어 남의 위급함을 도와줄 수 있지만, 우리나라는 수령들에게 별도로 받는 사사로운 녹봉이 없고 다만 공곡으로써 일상의 수요를 충당하고 있다. 만약 사사로이 남에게 준다면 많고 적음을 따질 것 없이 다 죄가 되어서 심하면 장죄를 범하는 데에 이르고, 받은 사람도 또한 그러하니, 선비가 되어 수령의 선물을 받으면 이는 바로 법을 어기는 것이다.

옛날에는 다른 나라에 들어갈 때에도 그 나라에서 금하는 것을 물었으니, 그 나라에 사는 자가 어찌 법을 어길 수 있겠는가. 수령의 선물은 대개 받기가 어려우니, 만일 국고의 곡식을 사사로이 준다면 관계의 친소와 명분의 유무와 재물의 다과를 막론하고 모두 받지 말아야 한다. (만일 친분이 두터운 수령이 관아에 있는 사재로 도와준다면 받을 수도 있다.)

*冗 : 쓸데없을 용. *영(嬴) : 남을 영. *奢 : 사치할 사. *華 : 꽃
화. *飽 : 물릴 포. *厲 : 갈려. *矜 : 불쌍히여길 긍. *篤 : 도타울
독. *昵 : 친할 닐. *狎 : 익숙할 압. *遽 : 갑자기 거. *馳 : 달릴
치. *畔 : 두둑 반. *薄 : 엷을 박. *婢 : 여자종 비. *僕 : 종 복.
*恤 : 구휼할 휼. *軫 : 수레뒤턱나무 진. *誨 : 가르칠 회. *楚 : 회
초리 초. *撻 : 매질할 달. *輒 : 문득 첩. *黜 : 물리칠 출. *鬩 :
다툴 혁. *喧 : 의젓할 훤. *噪 : 떠들썩할 조. *鄙 : 다라울 비. *滯
: 막힐 체. *樵 : 땔나무 초. *漁 : 고기잡을 어. *耘 : 김맬 운. *寠
: 가난할 구. *饋 : 먹일 궤. *賻 : 부의 부. *賵 : 전별할 신. *需
: 구할 수. *譴 : 꾸짖을 견.

[語釋]

*초(稍) : 벼줄기 초. 점점 작다. *가중(家衆) : 집안 식구. *제재용지
절(制財用之節) : 재물의 씀씀이를 절약하여 억제함. *양입이위출
(量入以爲出) : 수입을 헤아려 그 수입으로 알맞게 지출함. *칭가지
유무(稱家之有無) : 집안의 재정 형편에 따라서. *품절(品節) : 등차
를 세움. *모불균일(莫不均一) : 균일하지 않게 꾀함. 莫는 謨와 통
함. *재생용비(裁省冗費) : 쓸데없는 비용을 적절하게 줄임. *사화
(奢華) : 사치와 호화로움. *영여(嬴餘) : 남은 재물. *불우(不虞) :
뜻밖의 일. *관혼지제(冠婚之制) : 冠禮와 婚禮의 제도. 관례는 사
내아이가 20살이 되었을 때 처음으로 갓을 쓰고 어른이 되는 예식.

계례(笄禮)는 여자 나이 15세에 처음으로 비녀를 꽂는 예식. *가례
(家禮) : 여기서는 〈朱子家禮〉를 가리킴. *설사(設使) : 가령. 그렇다
손 치고. *지체(肢體) : 좌우 수족의 사지와 몸뚱이. *기득...호(豈
得...乎) : 어찌할 수 있겠는가? *적성충간(積誠忠諫) : 정성을 다하
여 충고함. *감오(感悟) : 드디어 깨달음. 알아차림. *여색(勵色) :
노여운 낯빛. *불언(拂言) : 거슬리게 말함. *임석(袵席) : 요. 까는
요, 침실. 눈앞. 목전. *위의(威儀) : 예의에 맞아 위엄 있는 거동.
*일압(昵狎) : 측근에서 버릇없이 굶. *습비(習非) : 잘못이 버릇됨.
*흥행(興行) : 일으키어 행함. *간편(簡編) : 책. 서적. 간책. *필묵
(筆墨) : 붓과 먹. 전하여 문장이나 필적. *반학(畔學) : 학문을 배반
함. *선은이후위(先恩而後威) : 먼저 은혜를 베풀고 다음에 위엄을
보임. *휼민(恤民) : 빈민. 이재민을 구제함. *휼복(恤僕) : 종의 어
려운 처지를 구제함. *자급(資給) : 급여. *교회(敎誨) : 가르쳐 깨우
침. *진념(軫念) : 임금의 마음. 임금이 아랫사람을 생각하여 근심
함. 주인이 하인을 생각하여 근심함. *근근(勤勤) : 부지런함. *초달
(楚撻) : 회초리로 종아리를 때림. *증질(憎嫉) : 미워하고 질투함.
*혼처(混處) : 남녀가 섞여 있음. *사령(使令) : 심부름을 함. *투혁
(鬪鬩) : 형제가 서로 다툼. 같은 처지이면서 서로 다툼. *훤조(喧
噪) : 시끄러움. 떠들썩함. *통가(痛加) : 통렬히 가함. 엄중히 가함.
*금제(禁制) : 금하는 제도. *우도(憂道) : 도에 어긋나지 않은지 근
심함. 도에 벗어나는 행동이 있지 않은지 근심함. *우빈(憂貧) : 가
난한 것을 근심함. *자생(資生) : 어떠한 사물에 의하여 생장하거나

생활함. *구궁지책(救窮之策) : 빈궁함을 구제할 대책. *유체(留滯) : 머물러 쌓임. *직구(織屨) : 신을 삼음. *초어(樵漁) : 땔나무를 하거나 물고기를 잡음. *植杖(식장) : 지팡이를 꽂아 놓음. *풍약(豊約) : 빈부(貧富), 다과(多寡)의 뜻. *빈구(貧窶) : 가난하여 초라함. *용공(用功) : 공부함. *남의(濫矣) : 마음이 어지러워짐. *언용(焉用) : 무엇에 쓸 것인가? *정사(精思) : 자세히 생각함. *호발(毫髮) : 가는 털과 모발(毛髮). 전하여 근소, 약간. *방과(放過) : 지나쳐 버림. *부상(賻喪) : 장사 때에 초상난 집에 돈이나 물건을 보내는 일. *신행(贐行) : 전별함. 여행을 떠나는 사람에게 주는 노자(路資). *기핍(飢乏) : 굶주리고 떨어짐. *주(周) : 진휼(賑恤)함. *비악(鄙惡) : 더럽고 악함. *중조(中朝) : 중국의 조정. *열읍지재(列邑之宰) : 여러 고을의 수령. *사봉(私俸) : 사사로운 녹봉. *추기여(推其餘) : 그 여유를 추산(推算)함. *주인지급(周人之急) : 나의 위급함을 도와줌. *공곡(公穀) : 공공의 곡식. *일용지수(日用之需) : 일상 비용의 수요. *죄견(罪譴) : 죄. *장(贓) : 장물(臟物). *금칙(禁則) : 금하는 법칙. *분후(分厚) : 교분이 두터움. *주급(周急) : 위급함을 도와줌.

[大意]

집안을 이끌어가는 방도에 대하여 자세하게 설명했다.

오늘날의 사람들은 자신의 배움이나 행동이나 능력에 대해서 떳떳하고 만족스럽게 여기지만, 속으로는 전력을 다하여 배움을 실천하고자 하는 진실한 마음이 없어, 부부 사이에 아무 거리낌 없이 함부로 대하여 몸가짐이 예의에 맞지 않는 경우가 많다. 따라서 서로 가벼이 여기지 않고 공경하는 부부가 아주 적다. 이처럼 아는 것을 실천하지 못하면서 집안을 바르게 한다는 것은 어렵다고 할 수 있다. 남편은 늘 자애롭고 올바르게 집안 식구들을 다스리고, 아내는 마땅히 남편을 존중하여 부부 사이에 서로 예의를 잃지 않아야 집안일을 잘 다스릴 수 있다. 소홀히 하다가 하루아침에 갑자기 서로 공경하려면 하기 어려운 것이니 서로 언행을 조심하여 지금까지의 좋지 못한 습관들을 버리고 점차적으로 예의범절에 맞추도록 해야 한다.

거가장의 자세한 내용은 다음과 같다.

자기 집안을 보살피는 데는 마땅히 도리를 지켜야 한다. 식구들에게 각각 그 능력에 맞게 책임지고 맡아야 할 일을 정해 주고, 씀씀이에 있어서 기준을 만들고, 수입을 헤아려 지출해야 한다. 재산의 정도에 따라서 입고 먹으며, 갖가지 비용을 모두 차례와 때에 따라 고르게 하여 낭비를 줄이고 사치를 금하며, 항상 뜻하지 않게 써야 할 일이 생길 것을 대비하여 마련해 두어야 한다.

관례와 혼례의 제도는 마땅히 〈주자가례〉에 따라야 하고, 구차스럽게 일반 풍속을 따라서는 안 된다.

형제는 부모의 피를 받아서 나와 더불어 한 몸과 같으니, 형제를 자신과 같이 생각하여, 음식과 의복의 있고 없음을 모두 같이 해야 마땅하다. 형은 굶주리는데 아우는 배부르고, 아우는 추운데 형은 따뜻하다면 이것은 한 몸의 팔다리 중에 어떤 것은 병들고 어떤 것은 건강한 것과 같은 것이니, 몸과 마음이 어찌 한쪽만 편안할 수 있겠는가? 요즘 사람들이 형제간에 서로 사랑하지 않는 것은 모두 부모를 사랑하지 않기 때문이다. 부모를 사랑하는 마음이 있다면 어찌 사랑하지 않을 수 있겠는가? 형제가 만일 좋지 못한 행실을 저지르면 마땅히 정성을 다해 충고하고, 차츰 도리로 깨우쳐서 감동하여 느끼게 해야 하며, 노여움과 거슬리는 말로 우애를 잃으면 안 된다.

요즘의 학자들은 겉으로는 비록 엄숙하나 속으로는 독실한 이가 드물어서, 부부간에 함부로 정욕을 탐해서 그 몸가짐을 잃는 경우가 많다. 이렇게 부부가 서로 친압하지 않고 서로 공경할 줄 아는 사람이 매우 적으니, 집안을 바로잡고자 한들 또한 어렵지 않겠는가. 반드시 남편은 올바른 태도와 도리로 거느리고, 아내도 유순하고 올바른 도리로 받들어서 서로 예의와 공경을 잃지 않아야 집안일을 잘 꾸릴 수 있을 것이다.

자식을 낳으면 지각이 생길 때부터 마땅히 착하게 이끌어야 한다. 만일 어려서 가르치지 않고 자라면 못된 것을 익히고 방심하게 되어 이를 가르치기가 매우 어려우니, 가르치는 차례는 마땅히 〈소학〉을 따라야 한다. 어느 집안에 바른 예의가 서고, 학문을 하는 것 이외의 다른 잡기가 없으면, 자제들이 밖으로 나돌며 배움을 저버리는 잘못은 없을 것이다. 형제의 자식은 내 자식과 같으니, 사랑하고 가르치기를 고르게 해야 마땅하고, 차이를 두면 안 된다.

비복들은 자신의 힘든 일을 대신하니, 마땅히 먼저 베풀고 난 뒤에 위엄을 부려야 그들의 마음을 얻을 수 있다. 임금이 백성에게 대하는 것과 주인이 비복에 대하는 것은 그 이치가 같다. 임금이 백성을 돌보지 않으면 백성이 흩어지고, 백성이 흩어지면 나라가 망하며, 주인이 비복을 돌보지 않으면 비복이 흩어지고, 비복이 흩어지면 집이 망하게 되는 것이다. 그런 비복들에 대하여 반드시 추위와 굶주림을 생각해서 옷과 밥을 제대로 주어 제자리에 있게 하고, 허물과 악행이 있으면 먼저 애써 가르쳐서 고치게 하고, 가르쳐도 고치지 않으면 회초리를 쳐서 그것이 가르치려고 한 것이지 미워해서가 아님을 깨닫게 하면 마음과 태도를 바꾸게 될 것이다.

집안을 다스림에는 마땅한 도리로 내외를 분별하여, 비록 비복이라도 남자와 여자가 뒤섞여 거처하게 해서는 안 된다. 남자 종은 시키지 않으면 함부로 안에 들어가지 않게 하고, 여자 종은 모두 정한 남편이 있게 해서 음란하게 하지 말아야 한다. 만일 음란한 짓을 그치지 않으면 당연히 내쫓아 따로 거처하게 해서 가풍을 더럽히지 않아야 한다. 비복을 화목하게 하는 것은 당연한 일이니, 싸우거나 시끄럽게 떠드는 사람에게는 심하게 제재를 가해야 한다.

군자는 도를 근심해야지 가난을 근심하면 안 된다. 다만 집이 가난하여 살아갈 수가 없으면 마땅히 가난에서 벗어날 대책을 생각해야 하나, 다만 굶주림과 추위를 면하는 것으로 만족하고, 많이 쌓아두고 풍족하게 살려는 생각을 가져서는 안 되며, 또 세간의 비루한 일을 마음속에 남겨두면 안 된다. 옛날의 은자(隱者)들 중에는 신을 만들어 팔아서 살고, 땔나무를 하거나 고기를 잡아서 살며, 지팡이를 꽂아 놓고 김을 매며 산 사람이 있었으니, 이런 사람들은 부귀영화에 마음이 흔들리지 않았다. 그러므로 편안할 수 있었으니, 이해를 따지고 빈부를 헤아리는 생각이 있었다면 어찌 마음을 닦았겠는가. 배우는 자는 모름지기 부귀영화를 가벼이 여기고 빈천을 지키는 것을 마음에 두어야 할 것이다.

가난하면 가난에 너무 쪼들려서 마땅히 지켜야 할 것을 잃는 사람이 많다. 배우는 사람은 바로 이런 것에 힘을 써야 한다. 옛사람이 말하기를, 가난할 때에는 그가 하지 않을 것과 얻지 않을 것을 살펴본다고 했다. 공자가 말하기를, 소인은 곤궁하면 넘친다고 했으니, 가난에 마음이 흔들려서 올바른 도리를 실천하지 못하면 배움을 어디에 쓰겠는가?

모름지기 주고받는 것은 반드시 옳은가 옳지 않은가를 깊이 생각해서 옳으면 받더라도, 털끝만큼이라도 그대로 지나치지 말아야 한다. 친구 사이는 재물을 통용해서 쓰는 의리가 있으니, 주면 마땅히 받아야 하나 다만 내가 가난하지 않으면 받아서는 안 된다. 서로 알고 지내는 사람에게서는 명분이 있는 선물은 받을 것이요, 명분이 없는 것은 받지 말아야 한다. 명분이 있다는 것은 부의(賻儀)나, 노자(路資)나, 부조(扶助)나, 굶주림을 구원하는 것 등이다.

그 선물이 비록 명분이 있다 하더라도 평판이 좋지 않은 사람에게서 받으면 반드시 마음이 편안하지 못할 것이니, 그 마음을 억누르고 받아서는 안 된다. 맹자가 말하기를, 마땅히 하지 말 것을 하지 말고, 마땅히 바라지 말 것을 바라지 말라고 했니, 이것이 바로 바른 도리를 실천하는 방법이다.

중국에는 여러 고을의 수령들에게 사사로운 녹봉이 있다. 그러므로 그 중에서 남는 것으로 남의 위급함을 도와줄 수 있지만, 우리나라는 수령들에게 별도로 받는 것이 없어 다만 공적인 곡물로써 일상의 수요를 충당하고 있는데, 만약 사사로이 남에게 준다면 많고 적음을 따질 것 없이 죄가 되어서 심하면 장죄를 범하게 되고, 받은 사람도 또한 그러하니, 선비가 수령의 선물을 받으면 이는 바로 법을 어기는 것이다.

옛날에는 다른 나라에 들어갈 때에도 그 나라에서 금지하는 것을 물었다고 했으니, 자신이 사는 나라에서 어찌 법을 어기겠는가. 수령의 선물은 대개 받기가 곤란한 것이니, 만일 친분이 두터운 수령이 관아에 있는 자기 개인의 재산으로 도와준다면 모르지만, 국고의 곡물을 사사로이 준다면 어떤 관계가 있음을 막론하고 모두 받지 말아야 한다.

☞ 고전(古典)에서 배우는 지혜

'수신제가(修身齊家)'

'주자십회훈(朱子十悔訓)'

송(宋)나라의 거유(巨儒) 주자(주희 : 朱熹)가 후대 사람들을 경계하기 위해 사람이 일생을 살아가면서 하기 쉬운 후회 가운데 가장 중요한 열 가지를 뽑아 제시한 것으로, 흔히 주자의 열 가지 가르침이라 하여 '주자십훈', 주자의 열 가지 후회라 하여 '주자십회'라고도 한다. '주자훈'으로 줄여 쓰기도 한다.

① 불효부모사후회(不孝父母死後悔) : 부모에게 효도하지 않으면 돌아가신 뒤에 뉘우친다. 돌아가시고 나면 후회해도 이미 늦으니, 살아 계실 때 효도해야 한다는 말이다. 자식이 부모를 봉양하고자 하나 부모가 기다려 주지 않는다는 뜻의 고사성어 풍수지탄(風樹之歎)과 같다.

② 불친가족소후회(不親家族疏後悔) : 가족에게 친하게 대하지 않으면 멀어진 뒤에 뉘우친다. 가까이 있을 때 가족에게 잘해야지, 멀어진 뒤에는 소용이 없다는 뜻이다.

③ 소불근학노후회(少不勤學老後悔) : 젊어서 부지런히 배우지 않으면 늙어서 뉘우친다. 젊음은 오래 가지 않고 배우기는 어려우니, 젊을 때 부지런히 배워야 한다는 소년이로학난성(少年易老學難成)과 같은 말이다.

④ 안불사난패후회(安不思難敗後悔) : 편안힐 때 이려움을 생각하지 않으면 실패한 뒤에 뉘우친다. 편안할 때 위험에 대비해야 한다는 거안사위(居安思危)와 같은 뜻이다.

⑤ 부불검용빈후회(富不儉用貧後悔) : 재산이 풍족할 때 아껴 쓰지 않으면 가난해진 뒤에 뉘우친다. 쓰기는 쉽고 모으기는 어려우니, 근검절약해야 한다는 말이다.

⑥ 춘불경종추후회(春不耕種秋後悔) : 봄에 씨를 뿌리지 않으면 가을에 뉘우친다. 봄에 밭을 갈고 씨를 뿌리지 않으면, 가을이 되어도 거둘 곡식이 없다는 뜻이다.

⑦ 불치원장도후회(不治垣墻盜後悔) : 담장을 제대로 고치지 않으면 도둑맞은 뒤에 뉘우친다. 도둑을 맞고 난 뒤에는 고쳐도 소용없다는 속담 '도둑맞고 사립 고친다.'와 같은 말이다.

⑧ 색불근신병후회(色不謹慎病後悔) : 색을 삼가지 않으면 병든 뒤에 뉘우친다. 여색을 밝히다 건강을 잃으면 회복할 수 없으니 뉘우쳐도 소용없다는 뜻이다.

⑨ 취중망언성후회(醉中妄言醒後悔) : 술에 취해 망령된 말을 하고 술 깬 뒤에 뉘우친다. 지나치게 술을 마시면 쓸데없는 말을 하게 되니 항상 조심하라는 것을 강조한 말이다.

⑩ 부접빈객거후회(不接賓客去後悔) : 손님을 제대로 대접하지 않으면 떠난 뒤에 뉘우친다. 손님이 왔을 때는 이런저런 핑계를 대면서 대접하지 않다가, 가고 난 뒤에 후회해 보았자 이미 늦었다는 말이다.

이상의 열 가지는 모두 일에는 항상 때가 있고, 때를 놓치면 뉘우쳐도 소용없음을 강조한 말들이다. 사후청심환(死後淸心丸), 사후약방문(死後藥方文), 유비무환(有備無患), 망양보뢰(亡羊補牢), 실마치구(失馬治廄) 등과 통한다.

또 널리 알려진 '가화만사성(家和萬事成)'이라는 말이 있다. 모든 일은 가정에서부터 비롯된다는 말이다. 가정은 공동생활이 이루어지는 최소 단위이자 사회생활의 출발점이다. 따라서 공동체의 근간인 가정이 화목하지 않으면 가족 구성원 사이에 갈등이 생기고, 의심하고 미워하는 마음이 일어나 결국 서로 반목하게 된다.

예부터 가정의 화목은 가정을 다스리는 가장 핵심적인 요소이자 사회생활의 근본으로 중시되었다. 〈대학(大學)〉에서 격물(格物)·치지(致知)·성의(誠意)·정심(正心)·수신(修身)·제가(齊家)·치국(治國)·평천하(平天下)를 8조목으로 삼아 집안의 다스림을 강조한 것도 이 때문이다. 격물부터 수신까지는 개인적인 것이고, 제가부터 평천하까지는 공동체를 말하는 것으로, 가정을 화목하게 하는 것이 그만큼 중요하다는 말이다.

〈명심보감(明心寶鑑)〉 치가(治家)편에도 '자식이 효도하면 양친이 즐거워하고, 가정이 화목하면 만사가 이루어진다. (子孝雙親樂 家和萬事成)'는 말이 나온다. 또 조상이 덕을 쌓은 집안에는 반드시 후손에게 경사가 따른다는 뜻의 한자성어 '적덕지가

필유여경(積德之家必有餘慶)’ 역시 가화만사성에 뿌리를 두고 있는 말이다.

이밖에도 가정의 화목과 관련된 고사나 글 등은 유교 경전이나 서적에 빠지지 않고 등장한다. ‘효백행지본(孝百行之本)’이라 하여 효를 모든 행실의 근본으로 보는 것도 가화만사성이 그만큼 중요하다는 것을 반증한다.

9. 접인장(接人章)

凡接人　當務和敬　年長以倍　則父事之　十年以長
범접인　당무화경　년장이배　즉부사지　십년이장

則兄事之　五年以長　亦稍加敬　最不可恃學自高　尚
즉형사지　오년이장　역초가경　최불가시학자고　상

氣陵人也　擇友　必取好學　好善　方嚴　直諒之人
기릉인야　택우　필취호학　호선　방엄　직량지인

與之同處　虛受規戒　以攻吾闕　若其怠惰　好嬉　柔
여지동처　허수규계　이공오궐　약기태타　호희　유

佞不直者　則不可交也　鄕人之善者　則必須親近通情
녕불직자　즉불가교야　향인지선자　즉필수친근통정

而鄕人之不善者　亦不可惡言揚其陋行　但待之泛然
이향인지불선자　역불가악언양기루행　단대지범연

不相往來　若前日相知者　則相見　只敍寒暄　不交他
불상왕래　약전일상지자　즉상견　지서한훤　불교타

語　則自當漸疎　亦不至於怨怒矣　同聲相應　同氣相
어　즉자당점소　역불지어원노의　동성상응　동기상

求　若我志於學問　則我必求學問之士　學問之士　亦
구　약아지어학문　즉아필구학문지사　학문지사　역

必求我矣　彼名爲學問而門庭　多雜客　喧囂度日者
필구아의　피명위학문이문정　다잡객　훤효도일자

必其所樂　不在學問故也　凡拜揖之禮　不可預定　大
필기소요　부재학문고야　범배읍지례　불가예정　대

抵父之執友　則當拜　洞內年長十五歲以上者　當拜
저부지집우　즉당배　동내년장십오세이상자　당배

爵階堂上而長於我十年以上者　當拜　鄉人年長二十
작계당상이장어아십년이상자　당배　향인년장이십

歲以上者　當拜　而其間高下曲折　在隨時節中　亦不
세이상자　당배　이기간고하곡절　재수시절중　역불

必拘於此例　但常以自卑尊人底意思　存諸胸中　可也
필구어차례　단상이자비존인저의사　존제흉중　가야

詩曰　溫溫恭人　惟德之基　人有毀謗我者　則必反而
시왈　온온공인　유덕지기　인유훼방아자　즉필반이

自省　若我實有可毀之行　則自責內訟　不憚改過　若
자생　약아실유가훼지행　즉자책내송　불탄개과　약

我過甚微而增衍附益　則彼言雖過　而我實有受謗之
아과심미이증연부익　즉피언수과　이아실유수방지

苗脈　亦當剗鋤前愆　不留毫末　若我本無過而捏造虛
묘맥　역당잔서전건　불류호말　약아본무과이날조허

言　則此不過妄人而已　與妄人　何足計較虛實哉　且
언　즉차불과망인이이　여망인　하족계교허실재　차

彼之虛謗　如風之過耳　雲之過空　於我　何與哉　夫
피지허방　여풍지과이　운지과공　어아　하여재　부

如是　則毀謗之來　有則改之　無則加勉　莫非有益於
여시　즉훼방지래　유즉개지　무즉가면　막비유익어

我也　若聞過自辨　曉曉然不置　必欲置身於無過之地
아야　약문과자변　효효연불치　필욕치신어무과지지

則其過愈甚而取謗益重矣　昔者　或問止謗之道　文中
즉기과유심이취방익중의　석자　혹문지방지도　문중

子曰　莫如自修　請益曰　無辨　此言　可爲學者之法
자왈　막여자수　청익왈　무변　차언　가위학자지법

凡侍先生長者 當質問義理難曉處 以明其學 侍鄕黨
범시선생장자　당질문의리난효처　이명기학　시향당

長老 當小心恭謹 不放言語 有問則敬對以實 與朋
장로　당소심공근　불방언어　유문즉경대이실　여붕

友處 當以道義講磨 只談文字義理而已 世俗鄙俚之
우처　당이도의강마　지담문자의리이이　세속비리지

說 及時政得失 守令賢否 他人過惡 一切不可掛口
설　급시정득실　수령현부　타인과악　일절불가괘구

與鄕人處 雖隨問應答 而終不可發鄙褻之言 雖莊栗
여향인처　수수문응답　이종불가발비설지언　수장률

自持 而切不可存矜高之色 惟當以善言誘掖 必欲引
자지　이절불가존긍고지색　유당이선언유액　필욕인

而向學 與幼者處 當諄諄言孝悌忠信 使發善心 若
이향학　여유자처　당순순언효제충신　사발선심　약

此不已 則鄕俗 漸可變也 常以溫恭慈愛 惠人濟物
차불이　즉향속　점가변야　상이온공자애　혜인제물

爲心 若其侵人害物之事 則一毫不可留於心曲 凡人
위심　약기침인해물지사　즉일호불가류어심곡　범인

欲利於己 必至侵害人物 故學者先絶利心然後 可以
욕리어기　필지침해인물　고학자선절리심연후　가이

學仁矣 居鄕之士 非公事禮見及不得已之故 則不可
학인의　거향지사　비공사례견급불득이지고　즉불가

出入官府 邑宰雖至親 亦不可數數往見 況非親舊乎
출입관부　읍재수지친　역불가삭삭왕견　황비친구호

若非義干請 則當一切勿爲也
약비의간청　즉당일절물위야

대체로 사람을 대할 때는 마땅히 온화하고 공경하게 해야 하니, 자신보다 나이가 갑절이 많으면 아버지 섬기는 도리로 섬기고, 10년이 많으면 형을 섬기는 도리로 섬기고, 5년이 많으면 또한 약간 공경을 더하는 것이다. 가장 해서는 안 될 것은 배운 것을 믿고 스스로 고상한 체하며 기운을 숭상하여 남을 업신여기는 일이다.

벗을 고르되 반드시 학문을 좋아하고 착하며 바르고 엄격하며 정직하고 진실한 사람을 얻어서, 그와 더불어 지내며 겸손한 마음으로 바로 잡아주고 충고를 받아들여 나의 결점을 다스릴 것이요, 만일 게으르고 놀기를 좋아하며 아첨 잘하고 말재주만 뛰어나 바르지 못한 사람일 경우는 사귀면 안 된다.

고을 사람 중에 착한 사람은 모름지기 가까이 지내면서 정을 나누고, 고을 사람 중에 착하지 않은 사람이라도 역시 나쁜 말로 그의 좋지 못한 행실을 드러내서는 안 되며, 다만 대하기를 범연하게 하여 서로 왕래하지 않아야 한다. 만일 전에 서로 알고 지내던 사람이라면 서로 만났을 적에 다만 안부나 묻고 다른 말을 주고받지 않는다면, 스스로 점점 소원해져서 또한 원망하고 노여워함에 이르지 않을 것이다.

같은 소리는 서로 호응하고 같은 기운은 서로 어울리게 되니, 만일 자신이 학문에 뜻을 두고 있다면 반드시 학문하는 선비를 찾을 것이요, 학문하는 선비 또한 반드시 나를 찾게 될 것이다. 자신의 말로는 학문을 한다고 하나 문정에 잡객이 많아서 시끄럽게 떠들면서 세월을 보내는 사람은 틀림없이 그가 좋아하는 것은 학문에 있지 않다.

대체로 절하고 읍하는 예의는 미리 결정할 수 없으니, 대개 아버지의 친구이면 마땅히 절을 해야 하고, 동네에서 나이가 15세 이상인 자에게는 마땅히 절을 해야 하고, 벼슬의 품계가 당상이고 나보다 10세 연상인 자에게는 마땅히 절을 해야 하고, 마을 사람으로서 나이가 20세 이상인 자에게는 마땅히 절하되, 그 사이에 높이고 낮추는 사소한 예절은 때에 따라 알맞게 할 것이요, 또 반드시 이 예의에 구애될 것은 없으니, 다만 항상 자신을 낮추고 남을 높인다는 뜻을 가슴속에 두는 것이 옳다. 〈시경〉에 이르기를, 온순하고 공손한 사람이 덕의 근본이라고 하였다.

사람들 중에 나를 헐뜯고 비방하는 자가 있으면 반드시 돌이켜 스스로 살펴야 하니, 만약 나에게 실제로 헐뜯음을 당할 만한 행실이 있었으면 스스로 꾸짖고 안으로 따져서 허물을 고치기를 꺼려하지 말 것이요, 만약 나의 잘못이 매우 미미한데 더 보태어 늘렸다면 저의 말이 비록 지나치나 나에게 실제로 헐뜯음을 받을 만한 싹과 맥이 있는 것이니, 또한 마땅히 예전의 잘못을 제거하여 추호도 남겨 두지 말 것이요, 만약 나에게 본래 허물이 없는데 거짓말을 지어냈다면, 이는 망령된 사람에 지나지 않을 뿐이니, 망령된 사람과 어찌 거짓과 진실을 따질 것이 있겠는가? 또 그런 헛된 비방은 바람이 귓가를 스쳐 지나가고,

구름이 허공을 지나는 것과 같으니, 나에게 무슨 상관이 있겠는가? 무릇 이와 같이 생각한다면 비방이 있을 때 허물이 있으면 고치고 없으면 더욱 노력하게 되어 자신에게 유익하지 않음이 없을 것이다. 만약 허물을 듣고 스스로 변명하여 시끄럽게 떠들면서 그대로 버려두지 아니하여, 반드시 자신을 잘못이 없는 처지에 놓으려고 한다면, 그 허물이 더욱 깊어져 비방을 받음이 더욱 무거워질 것이다. 옛날에 어떤 사람이 훼방을 그치게 하는 방법을 묻자, 문중자가 말하기를, 스스로 행실을 닦는 것만 못하다고 하였다. 다시 더 말해주기를 청하자, 대답하기를, 변명하지 말라고 했으니, 이 말이 배우는 자들의 본보기가 될 만하다.

무릇 선생과 어른을 모실 적에는 마땅히 의리 중에서 깨우치기 어려운 부분을 질문하여 그 배움을 분명히 해야 하고, 고을의 어르신을 모실 적에는 마땅히 조심하고 공손하며 삼가서 말을 함부로 하지 아니하여, 질문이 있으면 공경히 사실대로 대답하여야 하고, 붕우와 함께 거처할 적에는 마땅히 도의를 강마하여, 다만 문자와 의리를 말할 뿐이요, 세속의 더러운 말과 당시 정치의 잘잘못과 수령의 어질고 어질지 못함과 타인의 허물과 악행을 일절 입에 올리지 말아야 하고, 고을 사람과 함께 지낼 적에는 비록 물음에 따라 응답하더라도 끝내 나쁜 말을 해서는 안 되며, 비록 엄숙한 몸가짐을 스스로 지키더라도 절대로 자랑하고 고상한 체하는 기색을 지니지 말고, 오직 마땅히 좋은 말로 타이르고 이끌어서, 반드시 그를 인도하여 학문으로 향하게 하고자 하며, 어린아이와 함께 지낼 적에는 마땅히 간곡하게 효제충신의 도리를 말해주어 그들로 하여금 착한 마음을 일으키게 해야 할 것이니, 이와 같이 한다면 고을의 풍속을 점점 변화하게 할 수 있을 것이다.

항상 온화하고 공손하고 자애로우며 남에게 은혜를 베풀고 일을 이루는 것을 마음으로 삼아야 할 것이니, 남을 침해하고 일을 해치는 일일 경우에는 털끝만큼이라도 마음 한 구석에 두어서는 안 된다. 무릇 사람들이 자기에게 이롭게 하고자 하면 반드시 남을 침해하는 데 이른다. 이 때문에 배우는 자는 먼저 자신을 이롭게 하려는 마음을 끊어버린 뒤에야 어짊을 배울 수 있을 것이다.

고을에 머물고 있는 선비는 공사나 예의석상에서 만나는 것이나 부득이한 연고가 아니면 관청에 드나들어서는 아니 되니, 고을 원이 비록 매우 친한 사이라 하더라도 또한 자주 찾아가 만나서는 안 되는데 하물며 친구가 아닌데 말할 필요가 없다. 도리에 맞지 않는 청탁 같은 것은 일절 하지 않는 것이 마땅하다.

[訓讀]

*接 : 사귈 접. *恃 : 믿을 시. *凌 : 능가할 릉. *諒 : 믿을 량. *與 : 줄 여. *惰 : 게으를 타. *佞 : 아첨할 녕. *陋 : 좁을 루. *泛 :

뜰 범. *敍 : 차례 서. *暄 : 따뜻할 훤. *嚣 : 들렐 효. *爵 : 잔 자. *惟 : 생각할 유. *毁 : 헐 훼. *謗 : 헐뜯을 방. *憚 : 꺼릴 탄. *衍 : 넘칠 연. *鋤 : 호미 서. *愆 : 허물 건. *捏 : 이길 날. *俚 : 속될 리. *掛 : 걸 괘. *藝 : 더러울 설. *莊 : 풀성할 장. *矜 : 불쌍히여길 긍. *掖 : 겨드랑 액. *諄 : 타이를 순. *悌 : 공경할 제. *濟 : 건널 제.

[語釋]

*화경(和敬) : 부드럽고 공경함. *부사지(父事之) : 아버지처럼 섬김. *연장이배(年長以倍) : 나이가 갑절로써 어른. 나이가 갑절이 되는 어른. *초가경(秒加敬) : 약간 공경을 더함. *최불가(最不可) : 가장 안 된 것. *자고(自高) : 스스로 난 척함. 제 자신이 높은 체함. *상기능인(尙氣凌人) : 기운을 자랑하고 남을 업신여김. *방엄(方嚴) : 품행이 방정하고 엄함. *직량(直諒) : 정직하고 성실함. *허수(虛受) : 겸허한 마음으로 받아들임. *규계(規戒) : 바르게 경계함. *오궐(吾闕) : 나의 모자람. *유녕(柔佞) : = 유미(柔媚). 점잖은 체하며 아첨함. *향인(鄕人) : 한 고을에서 같이 사는 사람. *양기누행(揚其陋行) : 그 더러운 행실을 드러냄. *상견(相見) : 서로 만남. *한원(寒暄) : 일기의 춥고 더움을 말하여 서로 인사함. *점소(漸疎) : 차차 사이가 멀어짐. *원노(怨怒) : 원망과 노여움. *훤효(喧嚣) : 시끄러움. 떠들썩함. *동성상응(同聲相應) : 같은 소리는 서로 응함. *동기상구(同氣相求) : 같은 기분은 서로 찾게 됨. *문정(門庭) : 대

분 안의 뜰. 십안. *삽객(雜客) : 잡된 손님. 순수치 못한 손님. *예
정(預定) : 예정(豫定)과 같음. *당배(當拜) : 마땅히 절을 함. 당연히
절을 함. *당상(堂上) : 묘당에 올라갈 수 있는 지위. 우리나라에서
는 당상 정삼품 이상의 지위. *향인(鄕人) : 마을 사람. *고하(高下)
: 위아래. 귀하고 천함. 귀천. *곡절(曲折) : 자세한 사정. 복잡한 내
막. *수시절중(隨時節中) : 때에 따라 알맞게 조절함. *저의사(底意
思) : 마음속의 의사. *훼방(毁謗) : 헐뜯어 말함. 헐뜯음. 비방함. *
자책(自責) : 제 잘못을 스스로 꾸짖음. *내송(內訟) : 마음속으로 자
책함. *불탄개과(不憚改過) : 잘못을 고치는데 꺼리지 않음. *증연
부익(增衍附益) : 더 늘려서 보태어 말함. *묘맥(苗脈) : 묘예(苗裔).
먼 자손. *잔서(剗鋤) : 깎아 없앰. *전건(前愆) : 전의 잘못. *불류호
말(不留毫末) : 털끝만큼도 남겨 놓지 않음. *날조호언(捏造虛言) :
거짓과 진실을 헤아려 따짐. *피지허방(彼之虛謗) : 그런 허황한 훼
방. *망인(妄人) : 망령된 사람. *여풍지과이 운지과공(如風之過耳
雲之過空) : 바람이 귓전을 스쳐 지나는 것이나 구름이 허공을 지나
가는 것과 같음. *계교허실(計較虛實) : 거짓과 진실을 헤아려 따짐.
*효효(嘵嘵) : 두려워하는 모양. *무변(無辨) : 변명하지 말라. *장자
(長者) : 나이 먹은 사람. 윗사람. 덕망이 있는 사람. *의리(義理) :
뜻과 이치. *난효처(難曉處) : 깨닫기 어려운 곳. 이해하기 어려운
점. *시향장로(侍鄕長老) : 향당의 나이 많고 덕망이 있는 사람을
모심. *소심(小心) : 조심함. 삼감. *공근(恭謹) : 공손하고 근신함.
*불방언어(不放言語) : 말을 함부로 하지 않음. 말을 방자하게 하지

않음. *유문즉경대이실(有問則敬對以失) : 묻는 말이 있으면 공경스럽게 사실로써 대답함. *도의(道義) : 도덕과 의리. 사람이 이행해야 할 바른 길. *비리(鄙俚) : 풍속. 언어 등이 상스러움. *강마(講磨) : 강론하고 연마함. *시정득실(時政得失) : 그때그때에 행하는 정사의 잘잘못. *수령현부(守令賢否) : 태수와 읍령. 우리나라 고대의 경우는 원 · 부윤 · 목사 · 부사 · 군수 · 현감. *괘구(掛口) : 입에 올리다. *비설지언(鄙褻之言) : 야비하고 더러운 말. *장율(莊栗) : 예의범절이 엄정함. *긍고지색(矜高之色) : 높은 체 뽐내는 기색. *유액(誘掖) : 이끌어 도와줌. *순순(諄諄) : 정성스럽게 타이르는 모양. 충성스럽고 근실한 모양. *혜인(惠人) : 남에게 은혜를 베풂. *제물(濟物) : 사물을 제도함. 사물을 구제함. *침인(侵人) : 남을 침노함. *해물(害物) : 사물을 해침. *일호(一毫) : 한 가닥의 터럭. 전하여 조금, 근소. *심곡(心曲) : 마음속. 심중(心中). *욕리어기(欲利於己) : 자기에게 이롭게 하려함. *필지침해인물(必至侵害人物) : 반드시 사람과 사물을 침해하게 됨. *선절이심(先絶利心) : 먼저 이기심을 거둬 버림. *관부(官府) : 관청. *읍재(邑宰) : 고을의 원. *삭삭(數數) : 자주. *왕견(往見) : 찾아가 봄.

[大意]

접인장에서는 남을 대할 때의 여러 가지 예절에 대하여 상세하게 설명하고 있다.

사람을 대할 때에는 온화하고 공손하도록 해야 한다. 자신보다 나이가 배가 많으면 아버지를 심기는 도리로, 10년이 넓으면 형을 섬기는 도리로, 5년이 많으면 또 정도껏 공경을 더해야 한다. 가장 해서는 안 될 것은, 배웠다고 스스로 고상한 체하며 남을 업신여기는 일이다.

벗은 학문을 좋아하고 착하며 바르고 엄하며 정직하고 진실한 사람을 골라 사귀고, 그와 함께하며 겸허한 마음으로 바로잡아 주고, 또 충고를 받아들여 나의 결점을 다스려야 한다. 게으르고 놀기 좋아하며 아첨 잘하고 말재주만 뛰어나고 바르지 못한 사람을 사귀면 안 된다.

고을 사람 중에 착한 사람은 반드시 가까이 지내면서 정을 주고받고, 선하지 않은 사람이라도 나쁜 말로 그의 좋지 않은 행실을 드러내서는 안 되며, 다만 대하기를 범연하게 하여 서로 왕래하지 않아야 한다. 만일 예전에 서로 알고 지내던 사람이라면 서로 만났을 적에 그저 안부나 묻고 다른 말을 주고받지 않는다면, 그 사람도 스스로 점점 멀어져서 원망하고 노여워하지 않을 것이다.

서로 뜻이 통하는 소리는 서로 응하고, 뜻이 통하는 기운은 서로 찾게 되므로, 나 자신이 학문에 뜻을 두면 스스로 학문하는 선비를 찾을 것이고, 학문하는 선비도 또한 반드시 나를 찾을 것이다. 말로는 학문을 한다고 하면서 좋지 않은 손님만 많아 시끄럽게 떠들며 세월을 보내는 사람은 그가 좋아하는 것이 학문이 아니기 때문이다.

절을 하고 읍을 하는 예의는 미리 결정할 수 없으나, 대개 아버지의 친구가 되면 절을 해야 마땅하고, 동네에서 나이가 15세 이상인 사람에게도 절을 해야 마땅하고, 벼슬의 품계가 당상이고 자신보다 10세 연상인 사람에게도 절을 해야 마땅하고, 마을 사람으로서 나이가 20세 이상인 사람에게는 마땅히 절하되, 높이고 낮추는 자잘한 예절은 때에 따라 알맞게 해야 하며, 또한 반드시 예의에 구애될 것이 없이 항상 자신을 낮추고 남을 높인다는 뜻을 가슴속에 두는 것이 옳다. 〈시경〉에 이르기를, 온순하고 공손한 사람이 덕의 근본이라고 하였다.

사람들 중에 자신을 헐뜯고 비방하는 사람이 있으면 반드시 반성해야 하니, 만약 반성할 만한 행실이 있었으면 스스로 꾸짖고 따져서 허물을 고치기를 주저하지 말아야 한다. 만약 자신의 잘못이 매우 작은데 더 보태졌다면, 그의 말이 비록 지나치더라도 자신에게 실제로 반성할 만한 허물이 있는 것이니, 예전의 잘못을 제거하여 조금도 남겨두면 안 된다. 만약 자신에게 본디 허물이 없는데도 거짓말을 했다면, 이는 망령된 사람에 지나지 않을 뿐이니, 그런 사람과 거짓과 진실을 따질 필요도 없다.

또 헛된 비방은, 바람이 귓가를 스쳐 지나고 구름이 허공을 지나는 것과 같으니, 무슨 상관이 있겠는가? 이와 같이 생각한다면 비방이 있을 때 허물이 있으면 고치고, 없으면 더욱 노력하게 되어서 자신에게 해로움이 없을 것이다. 만약에 허물을 들고 변명하여 떠들면서 자신의 잘못을 결백하게만 하려고 한다면, 그 허물이 더 깊어져서 더 많은 비방을 받게 될 것이다. 옛날에 어떤 사람이 비방을 없게 하는 방법을 묻자, 문중자(文中子)가 말하기를, 스스로 행실을 닦는 것만 못하다고 하였다. 다시 더 말해 주기를 청하자, 대답하기를, 변명하지 말라고 했으니, 이 말이 배우는 사람들의 본보기가 될 만하다.

선생과 어른을 모실 때는 깨우치기 어려운 부분을 질문하여 그 배움을 분명히 해야 마땅하고, 고을의 어르신을 모실 때는 공경하며 말을 삼가서 물으면 공손히 사실대로 대답해야 마땅하다. 친구와 함께 지낼 때는 도의를 강마(講磨)하여, 다만 학문과 의리를 말할 뿐, 세속의 더러운 말과 정치의 잘잘못과 수령의 어질고 어질지 못함과 타인의 허물과 악행을 일절 입에 올리지 말아야 한다. 고을 사람과 함께 거처할 때는 비록 물음에 따라 응답하더라도 좋지 않은 말을 절대로 해서는 안 되며, 엄숙한 몸가짐으로 절대로 자랑하거나 고상한 체 하지 말고, 오직 좋은 말로 타이르고 이끌어서, 반드시 그를 배움으로 인도하고자 해야 하며, 어린아이와 함께 지낼 때는 간절하게 효제충신의 도리를 말해 주어서 그들로 하여금 착한 마음을 일으키게 해야 마땅할 것이니, 이와 같이만 한다면 고을의 풍속을 점점 변화하게 할 수 있을 것이다.

항상 온화하고 공손하고 자애로우며 남에게 은혜를 베풀고 일을 이루는 것에 마음에 두어야 하니, 남을 못되게 하거나 일을 해치는 일 같은 것은 조금도 마음에 두면 안 된다. 사람들은 자신에게 이로우면 남을 해치려고 한다. 그러므로 배우는 사람은 먼저 자신에게 이롭게 하려는 마음을 끊어버려야 어진 마음을 배우게 될 것이다.

고을에 머무는 선비는 공식적인 자리나 예의석상에서 만나보는 것 외에 부득이한 연고가 아니면 관청에 드나들어서는 안 된다. 고을 원이 비록 아주 친한 사이라 하더라도 자주 찾아가 만나서는 안 되는데, 하물며 친구가 아니면 말할 필요가 있겠는가. 도리에 맞지 않는 청탁 같은 것은 일절 하지 않는 것이 마땅하다.

☞ 고전(古典)에서 배우는 지혜

'나와 남을 같이 귀하게 여기라'

중국 초나라의 정치가 강태공의 말이다.

오늘을 사는 이들이 깊이 명심해야 할 가르침으로, 특히 지위나 돈이나 명성이 조금 더 있다고 생각하면서 살고 있는 이들은 특히 가슴 깊이 새겨 행동의 지침으로 삼아야 할 것이다.

이런 옛날이야기가 있다.

조선 영조시대였다. 경기도 장단땅 오목이라는 동네에 이종성(李宗城)이라는 정승이 살고 있었으니, 세상 사람들이 오목이 대신이라고 불렀다.

이종성은 은퇴해 살면서 낚시질을 다니는 것이 일과였다. 하루는 점심때가 되었는데, 무더운 여름날이라 낚시를 쉬고 상노아이와 함께 개울가 주막집으로 들어갔다. 그런데 공교롭게도 그 고을에 부임하는 원님이 이종성이 점심으로 먹고 있는 방에 자리를 잡게 되었다.

원님이라는 자는 능라주단으로 몸을 감은 행색으로 아랫목에 자리를 잡았고, 행동이 안하무인이며 거드름을 피우는 것이 대단했다. 그리고는 가만히 살펴보니, 방 한 옆에 한 늙은이와 아이 녀석이 앉아서 점심을 먹고 있는데, 옷차림이 초라한 것이 분명히 촌백성이고, 점심이라고 펴 놓고 먹는 밥을 보니 자

기로서는 생전 처음 보는 것이었다. 원님은 참시를 못해서 이
종성에게 말을 건넸다.

"늙은이 자네가 먹는 밥이 뭔가?"

늙은이는 서슴지 않고 대답했다.

"보리밥이라는 것이오."

"그렇다면 좀 맛보여 줄 수 없겠나?"

"그것이 뭐가 어려울 것이 있겠오."

하고 보리밥 한 숟갈을 떠서 주었다.

원님은 보리밥을 입 속으로 넣고 씹어 보더니 이런 것을 어
떻게 사람이 먹느냐면서 전부 뱉어버리고는 노발대발하였다.
그래서 원님은 점심을 시켜서 먹게 되었고, 이종성은 식사를
끝낸 뒤 집으로 돌아가 버렸다.

원님이 식사를 끝낼 무렵이었다. 이종성 집 하인이 찾아 와
서 이 정승께서 만나자고 전갈을 전했다. 원님은 영문도 모르
고 허겁지겁 이종성을 찾아갔다. '一人之下 萬人之上'인 정승
앞이다. 일 개 지방의 수령으로서는 감히 그 앞에서 얼굴도 들
지 못하게 마련이다. 원님은 뜰아래에서 절을 올려 인사를 드
린 뒤에 두 손을 마주잡고 허리를 굽혀 서 있었다. 이윽고 대청
위로부터 카랑카랑한 목소리가 떨어졌다.

"얼굴을 들어서 나를 보라."

원님은 얼굴을 들어서 대청 위를 바라보았다. 그야말로 청천
벽력이다. 대청 위의 얼굴은 바로 아까 자기가 들었던 주막집

방 한 옆에서 보리밥을 먹던 그 늙은이가 아닌가? 고개가 저절로 떨어지고 어깨가 축 늘어졌다. 마침내 무릎을 꿇고 땅 위에 엎드렸다.

"죽을죄를 지었습니다. 살려 주십시오."

대청 위에서는 또 다시 차가운 목소리가 떨어졌다.

"그대는 한 고을을 다스리는 사람으로서 두 어깨에 부하된 책임이 막중하다. 그대의 교만해서 안하무인인 태도와 백성들이 먹는 보리밥을 악식이라 하여 뱉어버리는 사치스러운 생각으로서는 백성을 도탄의 구렁텅이로 몰아넣고 국사를 그르칠 뿐이다. 내가 몰랐으면 모르겠지만 안 이상은 그대로 버려둘수 없다. 이 자리에서 부임할 것을 단념하고 집으로 돌아가라."

원님은 추상같은 호령에 벌벌 떨며 할 수 없이 청운의 뜻을 버리고 발길을 돌렸다.

그는 자는 자기만을 귀하게 생각하는 그릇된 사고 때문에 패망의 나락으로 떨어지고 만 것이다.

내 몸이 부하고 귀할수록 자신을 낮추는 겸허의 미덕을 발휘하는 것만이 그 부와 귀를 길이 간직하는 최선의 방법이다.

사람이나 물건이나 일의 인과관계가 서로를 살리고 조화를 이루는 관계, 화합 융통하는 관계, 상생상화의 세계는 평화와 은혜의 세계이며 선인선과를 불러온다. 사람은 사람 속에서 병이 오기도 하고 사람 속에서 병을 치료하기도 한다. 사람을 잘 아는 것과 내 마음의 자유를 얻는 것, 이 관계 속에서 내 마음이 화(和)하고 보면 기화(氣和)하게 되고 인화(人和)가 되는 것이다. 희로애락 속에서 심화와 기화, 인화로 상생상화하는 것은 인류가 함께 건강하게 사는 길이며, 복잡하게 얽혀 있는 인간과 자연, 기술과 속도를 조화롭게 하는 방법이라고 할 수 있다.

10. 처세장(處世章)

古之學者　未嘗求仕　學成則爲上者　擧而用之　蓋仕
고지학자　미상구사　학성즉위상자　거이용지　개사

者　爲人　非爲己也　今世則不然　以科擧取人　雖有
자　위인　비위기야　금세즉불연　이과거취인　수유

通天之學　絶人之行　非科擧　無由進於行道之位　故
통천지학　절인지행　비과거　무유진어행도지위　고

父敎其子　兄勉其弟　科擧之外　更無他術　士習之偸
부교기자　형면기제　과거지외　경무타술　사습지투

職此之由　第今爲士者　多爲父母之望　門戶之計　不
직차지유　제금위사자　다위부모지망　문호지계　불

免做科業　亦當利其器　俟其時　得失　付之天命　不
면주과업　역당리기기　사기시　득실　부지천명　불

可貪躁熱中　以喪其志也　人言科業爲累　不能學問
가탐조열중　이상기지야　인언과업위루　불능학문

此亦推託之言　非出於誠心也　古人養親　有躬耕者
차역추탁지언　비출어성심야　고인양친　유궁경자

有行傭者　有負米者　夫躬耕　行傭　負米之時　勤苦
유행용자　유부미자　부궁경　행용　부미지시　근고

甚矣　何暇讀書乎　惟其爲親任勞　旣修子職　而餘力
심의　하가독서호　유기위친임로　기수자직　이여력

學文　亦可進德　今日之爲士者　不見爲親任勞　如古
학문　역가진덕　금일지위사자　불견위친임로　여고

人者　只是科業一事　是親情之所欲　今旣不免做功
인자　지시과업일사　시친정지소욕　금기불면주공

則科業 雖與理學不同 亦是坐而讀書作文 其便於躬
즉과업　수여리학불동　역시좌이독서작문　기편어궁

耕 行傭 負米 不翅百倍 況有餘力 可讀性理之書
경　행용　부미　불시백배　황유여력　가독성리지서

哉 只是做科業者 例爲得失所動 心常躁競 反不若
재　지시주과업자　례위득실소동　심상조경　반불약

勞力之不害心術 故先賢曰 不患妨功 惟患奪志 若
로력지불해심술　고선현왈　불환방공　유환탈지　약

能爲其事而不喪其守 則科業理學 可以竝行不悖矣
능위기사이불상기수　즉과업리학　가이병행불패의

今人 名爲做擧業而實不著功 名爲做理學而實不下
금인　명위주거업이실불저공　명위주리학이실불하

手 若責以科業 則曰 我志於理學 不能屑屑於此
수　약책이과업　즉왈　아지어리학　불능설설어차

若責以理學 則曰 我爲科業所累 不能用功於實地
약책이리학　즉왈　아위과업소루　불능용공어실지

如是兩占便宜 悠悠度日 卒至於科業理學 兩無所成
여시량점편의　유유도일　졸지어과업리학　량무소성

老大之後 雖悔 何追 嗚呼 可不戒哉 人於未仕時
로대지후　수회　하추　오호　가불계재　인어미사시

惟仕是急 旣仕後 又恐失之 如是汨沒 喪其本心者
유사시급　기사후　우공실지　여시골몰　상기본심자

多矣 豈不可懼哉 位高者 主於行道 道不可行 則可
다의　기불가구재　위고자　주어행도　도불가행　즉가

以退矣 若家貧 未免祿仕 則須辭內就外 辭尊居卑
이퇴의　약가빈　미면록사　즉수사내취외　사존거비

以免飢寒而己　　雖曰祿仕　　亦當廉勤奉公　　盡其職務
이 면 기 한 이 이　　수 왈 록 사　　역 당 렴 근 봉 공　　진 기 직 무

不可曠官而餔啜也
불 가 광 관 이 포 철 야

　옛날의 학자는 벼슬을 얻으려 한 것이 아니어도 학문을 이루면 윗사람이 천거하여 등용되었으며, 대체로 벼슬을 하는 사람은 남을 위했고, 자기를 위하지 않았다. 그런데 요즘의 세상은 그렇지가 않고 과거시험으로 사람을 뽑으니, 비록 하늘의 이치를 통달하는 학문이 있고 남보다 아주 뛰어난 행실이 있어도, 과거시험이 아니면 도리를 펴는 자리로 나아갈 수가 없다.

　그러므로 아버지는 그 아들을 가르치고, 형이 그 아우를 권면하는 것이 과거공부 이외에는 다른 아무 것도 없다. 선비가 벼슬을 탐내는 풍습은 여기서 시작된 것이다.

　요즘 선비들은 대체로 부모의 희망과 문중의 계책을 위해서 과거공부에 열중하는 일에서 벗어날 수 없으나, 또한 그 재능을 갈고 닦아서 그 때를 기다리고 성공과 실패를 천명에 맡기는 것이 옳은 일이지, 벼슬을 탐하여 조급하고 열중하는 것으로 그 뜻을 손상시키면 안 된다.

　사람들은 흔히 과거공부가 번거로워서 할 수가 없다고 말한다. 그렇지만 이것은 역시 핑계 삼아 하는 말이고 진심에서 나온 말은 아니다.

옛날 사람들은 부모를 섬김에 몸소 밭을 갈아 농사지은 사람도 있었고, 돌아다니며 남의 품팔이를 한 사람도 있었고, 쌀을 져서 나른 사람도 있었다. 대체로 몸소 밭을 갈아 농사짓고 남의 집에 다니며 품을 팔고 쌀을 져서 나를 때에는 근고(勤苦)가 대단했을 터이니, 어느 겨를에 글을 읽을 수 있었겠는가만, 오직 그들은 부모를 위해 수고를 하여 자식의 책임을 다하고 남은 힘으로 글을 배우면서도 덕을 쌓을 수가 있었다.

그런데 오늘날 선비들은 옛날 사람처럼 어버이를 위해 수고하는 이를 볼 수 없고, 다만 과거공부 한 가지만이 곧 부모의 마음에 바라는 것이므로 이제 이미 이 공부를 벗어날 수가 없다. 과거공부는 비록 성리학(性理學)과는 다르지만, 역시 앉아서 책이나 읽고 글이나 짓는 것이 밭을 갈고 돌아다니며 품팔이하고 쌀을 져 나르는 것보다 백 배 편할 뿐 아니라, 더욱이 남은 힘으로 성리에 관한 책을 읽을 수 있지 아니한가?

다만 과거 공부를 하는 사람은 으레 성공하느냐 못하느냐에 따라서 마음이 동요되어 항상 초조하므로, 도리어 몸의 노력이 마음씨를 해롭게 하지 않는 것만 못하다.

그러므로 옛 현인들이 말하기를, 공들이는 것이 방해가 될까 걱정하지 말고 오직 뜻을 빼앗길까 걱정하라고 했다. 만약 과거공부를 하면서도 그 분수를 잃지 않는다면 과거공부와 성리학 공부를 겸해서 해도 어긋남이 없을 것이다.

지금 사람들은 과거공부를 한다고 명목을 내세우면서 사실은 그 공을 나타내지 못하고, 이학(理學)공부를 한다고 명목을 내세우면서도 사실은 손도 대지 못하면서, 과거공부를 재촉하게 되면 자신은 이학에 뜻을 두고 있기 때문에 과거공부에 힘을 쓸 수 없다고 하고, 이학공부를 재촉하면 과거공부에 매여 있어서 이학에는 힘을 쓸 수 없다고 한다.

이와 같이 편의에 따라 두 가지 말로 구실을 붙이면서 아무 하는 일없이 세월을 보내다가 마침내는 과거공부도 이학공부도 다 이루지 못하고 마니, 늙은 뒤에 비로소 뉘우친다 하더라도 어찌 닿겠는가? 아아, 가히 경계해야 되지 않겠는가?

사람들은 자신이 아직 벼슬을 하지 못하고 있을 때에는 오직 벼슬하기에만 급급하다가, 이미 벼슬을 하고 나면 그 직위를 잃을까 염려하며 그 생각에만 골몰하여 그 본마음을 상실하는 사람이 많다. 이 어찌 두려워하지 않겠는가?

벼슬이 높은 사람은 도를 행하기에 주력하다가 도를 행할 수 없으면 물러나야 한다. 만약 집안이 가난하여 녹사(祿仕)할 처지를 면할 수 없으면, 모름지기 내직을 사양하고 외직(外職)으로 나가서 높은 직위를 사양하고 낮은 직위에 있으면서 기한(飢寒)을 면하면 그뿐이다. 그리고 비록 녹사를 한다고 하더라도 또한 마땅히 청렴하고 근면하게 봉공(奉公)하여 그 맡은 일에 충실해야 하며, 벼슬자리를 오래 비워 놓고 놀고먹어서는 안 된다.

*偸 : 훔칠 투. *做 : 지을 주. 만들 주. *俟 : 기다릴 사. *付 : 줄
부. *躁 : 성급할 조. *託 : 부탁할 탁. *傭 : 품팔 용. *悖 : 어그러질
패. *屑 : 가루 설. *悠 : 멀 유. *汩 : 빠질 골. *懼 : 두려워할 구.
*曠 : 밝을 광. *鋪 : 펼 포.

[語釋]

*미상(未嘗) : 아직 ~한 일이 없다. *거이용지(擧而用之) : 천거하
여 등용시킴. *통천지학(通天之學) : 하늘의 이치를 깨닫는 학문. *
절인지행(絶人之行) : 남보다 썩 뛰어난 행실. *무유(無由) : 이유가
없음. *진어행도지위(進於行道之位) : 도를 행할 자리로 나감. *갱
무타술(更無他術) : 고칠 만한 다른 술책이 없음. *습지투직(習之偸
職) : 벼슬을 탐내는 풍습. *차지유(此之由) : 이로 말미암음. *문호
(門戶) : 문중(門中). *과업(科業) : 과거공부. *기(器) : 재능. 도량.
*추탁지언(推託之言) : 다른 일로 핑계하는 말. *궁경(躬耕) : 몸소
밭을 갈아 노사를 지음. *행용(行傭) : 이집 저집 다니며 품팔이를
함. *부미(負米) : 쌀을 져 나름. *하가독서호(何暇讀書乎) : 어느 겨
를에 글을 읽었겠는가? *임로(任勞) : 수고를 함. *진덕(進德) : 덕
을 쌓음. *주공(做功) : 공부를 함. *이학(理學) : 성리학의 약칭. *성
리지서(性理之書) : 성리학에 관한 서적. *조경(躁競) : 초조하게 다
툼. *심술(心術) : 마음씨. *위주거업(爲做擧業) : 과거공부를 한다
는 뜻. *위주이학(爲做理學) : 이학공부를 한다는 뜻. *실불하수(實

不下手) : 실지로는 손도 대지 못함. *약책이과업(若責以科業) : 만약 과거공부를 재촉하면. *불능설설어차(不能屑屑於此) : 이것 때문에 과거에 힘을 쓸 수 없다는 뜻. *아위과업소루(我爲科業所累) : 나는 과거공부에 매여 있어서. *불능용공어실지(不能用功於實地) : 실지에 있어서는 힘을 쓸 수 없다고 한다. *유유도일(悠悠度日) : 아무 하는 일이 없이 세월을 보냄. *하추(何追) : 어찌 미치랴. *오호(嗚呼) : 아아! 감탄사. *골몰(汨沒) : 한일에만 몰두함. *녹사(祿仕) : 녹을 타기 위하여 벼슬을 함. *염근(廉勤) : 청렴하게 근면함. *광관(曠官) : 벼슬자리를 오래 비워 놓음. *포철(餔啜) : 먹고 마심. 음식을 먹음.

[大意]

처세장에서는 선비로서 이 세상을 살아가는 데 필요한 처세의 방법에 대해서 자세히 설명하고 있다.

옛 학자들은 벼슬을 일부러 하려고 하지 않았고, 배우고 나면 윗사람이 천거해서 등용했다. 벼슬은 남을 위해서 하는 것이요, 자신을 위하는 것이 아니지만, 요즘 세상은 그렇지 못해서 과거시험으로 사람을 뽑으므로, 비록 뛰어난 학문과 본보기가 되는 행실이 있어도 과거시험이 아니면 바른 정치를 할 수 있는 지위에 나아갈 길이 없다. 그래서 아버지는 아들에게 과거공부를 시키고 형은 아우에게 과거공부를 권하여, 과거시험 이외에는 다른 학술이 없는 것과 같으니, 선비들의 습관이 각

박해지는 것은 오직 이런 때문이다. 요즘 선비늘은 대무뷰 부모의 바람과 가문을 잇기 위하여 과거공부를 피할 수 없지만, 학문을 갈고 닦으며 때를 기다려서 급제와 낙방은 천명에 맡길 것이요, 벼슬을 탐해 초조해져서 자신의 뜻을 손상시키지 말아야 한다.

사람들이 말하기를, 과거 공부에 얽매여서 학문을 할 수 없다고 하나, 이 또한 핑계의 말이요 진심에서 나온 말이 아니다. 옛날 사람은 부모를 봉양하려고 몸소 밭을 갈고, 이리저리 옮겨 다니며 품을 팔며, 쌀가마니를 지고, 몸소 밭을 갈면서 고생이 심했을 것인데, 어느 겨를에 글을 읽었겠는가. 그래도 오직 그 부모를 위해 몸을 바쳐 자식의 도리를 하고 남은 시간에 글을 배웠어도 덕을 쌓을 수가 있었는데, 요즈음 선비들은 부모를 위해서 옛날 사람과 같이 하는 사람을 보지 못하겠고, 다만 과거 공부 한 가지가 곧 부모의 바람이라 하여 과거공부에서 떠나지 못한다. 그렇다고 과거공부가 비록 이학(理學)과는 같지 않지만, 역시 앉아서 공부하는 것이어서, 몸소 밭 갈고 품을 팔며 쌀가마니를 지는 일보다는 백 배 편한 일이다. 하물며 남은 시간에 성리에 관한 책을 읽을 수 있다는 것이 아닌가.

다만 과거공부를 하는 사람들은 으레 과거에 급제하느냐 낙방하느냐에 동요되어 마음이 항상 조급하다 보니, 도리어 힘들게 일하는 것이 마음을 수양하는 공부보다 나을 수가 있다. 그래서 선현의 말씀에 과거시험이 공부에 방해될까 걱정하지 말고, 오로지 뜻을 잃지 않을까 걱정해야 한다고 했으니, 만약 과거공부를 하면서도 지켜야 할 것을 잃지 않는다면 과거공부와 이학공부를 함께 해도 서로 어긋나지 않는다.

요즘 사람들은 말로는 과거공부를 한다고 하나 실제로는 과거공부를 하지 않고, 말로는 이학공부를 한다고 하나 실제로는 착수하지 않아서, 과거공부에 대해 질책하면, 자신은 이학에 뜻을 두고 있어서 과거공부에 연연해 할 수 없다고 하고, 이학공부에 대해 질책하면, 과거공부에 얽매여서 실지에 힘을 쓸 수가 없다고 한다. 그러면 이와 같이 양쪽으로 편리하게만 생각해서 하는 일없이 하루하루 세월만 보내다가 끝내 과거공부와 이학공부 두 가지를 다 이루지 못하게 되면, 늙은 뒤에 비로소 뉘우친들 무슨 방법이 있겠는가. 정말 걱정 되는 일이다.

아직 벼슬을 하지 않을 때에는 오직 벼슬하는 것만 급하고, 이미 벼슬에 오른 뒤에는 또 벼슬을 잃을까 걱정하니, 이것에 골몰하다가 그 본심을 잃는 사람이 많다. 어찌 두렵지 않은가.

지위가 높은 사람은 바르게 다스리는 것을 중요하게 생각해서, 그럴 수 없으면 물러나야 하고, 만일 집이 가난하여 녹봉을 받기 위한 벼슬이라면 내직을 사양하고 외직으로 나가야 하며, 높은 자리를 사양하고 낮은 자리에 있으면서 검소하게 살아야 한다. 비록 녹봉을 받는 벼슬이라도 또한 청렴하고 부지런히 일해서 그 직무를 다해야 하며, 직책을 소홀히 하고 놀고먹으려고 하면 안 된다.

'세상살이'

'몸가짐이 지나칠 정도로 결백해서는 안 되며, 모든 욕되고 더러운 것도 용납해야 한다. 남과 사귈 때는 지나칠 정도로 분명하게 따지지 말아야 하고, 선과 악, 현명한 사람과 우둔한 사람 모두를 받아 들여야 한다. (持身 不可太皎潔 一切汚辱垢穢 要茹納得 與人 不可太分明 一切善惡賢愚 要包容得)'

〈채근담〉에 있는 말이다.

자신에게도 엄격하고 남에게도 엄격한 사람은 융통성이 없는 사람이다. 그러나 자신에게도 남에게도 관용을 너무 베푸는 사람은 줏대가 없는 사람이다.

그리고 제일 나쁜 것은 자신에게는 너그러우면서 남에게는 엄격하게 대하는 사람이다. 더구나 그런 짓을 하기 위하여 위인이 남긴 명언까지 이용하는 사람이 있는데, 이런 짓은 더욱 나쁘다.

물이 지나치게 맑으면 물고기도 모이지 않듯이, 사람도 지나치게 깨끗한 척하면 친구가 없다. 차라리 모든 욕됨과 더러움을 함께 받아들일 수 있는 마음의 아량을 지녀야 한다. 또 남과 사귐에는 지나치게 애증(愛憎)의 표시나 이해관계를 나타내지 않는 것이 좋다. 그래서 착한 사람이나 악한 사람이나 어진 사람이나 바보스러운 사람도 친구로 받아들여, 어질고 착한 사람에게서는 배우고, 악하고 바보스러운 사람은 잘 깨우쳐서 마치 넓고 넓은 바다가 많은 갈래의 강물을 포용하듯, 크고 넓은 마음을 가져야 한다.

〈명심보감〉 '교우(交友)' 편에는 친구를 사귀는 도리를 다음과 같이 적고 있다.

착한 사람과 함께 지내면 마치 향기로운 난초가 있는 방에 있는 듯하여 오래도록 그 향을 맡지 못하더라도 곧 그것과 더불어 동화될 것이요, 착하지 못한 사람과 함께 지내면 마치 생선 가게에 들어간 것과 같아서 오래도록 그 냄새를 맡지 않아도 또한 그것과 더불어 동화될 것이니, 붉은 것을 가지고 있으면 붉어지고, 검은 것을 가지고 있으면 검어진다. 이 때문에 군자는 반드시 그가 있는 곳을 삼가서 택해야 한다.

배우기를 좋아하는 사람과 함께 가면 안개 속을 가는 것과 같아서 비록 옷을 적시지 않더라도 때때로 물기가 배어들지만, 무식한 사람과 함께 가면 변소에 앉아 있는 것과 같아서 비록 옷을 더럽히지 않더라도 그 냄새를 맡게 된다.

서로 아는 사람이 천하에 가득하되 마음을 알아주는 사람이 몇이나 되겠는가.

술 마시고 밥 먹을 때는 형, 아우 하던 이들이 천 명이나 되더니, 급하고 어려울 때의 친구는 한 명도 없네. 열매를 맺지 않는 꽃은 심지 말고 의리 없는 친구는 사귀지 말 것이나.

군자의 사귐은 물처럼 담백하고, 소인의 사귐은 단술처럼 달콤하다.

길이 멀어야 말의 힘을 알 수 있고, 시간이 오래 되어야만 사람의 마음을 알 수 있다.

조선시대 선비 장만이 세상살이에 대하여 지은, 다음과 같은 시조가 있다.

풍파(風波)에 놀란 사공(沙工)이 배를 팔아 말을 사니
꼬불꼬불한 험한 산길이 물보다 어렵구나
이다음부터는 배도, 말도 관두고 밭 갈기만 하리라

이 시조는 세상살이의 어려움을 노래한 것으로, 지은이 장만에게 세상살이는 벼슬살이라 할 수 있을 것이다. 그러므로 장만이 벼슬살이에서 겪은 바를 토대로 지은 것임을 알 수 있다.

초장과 중장에서는 세상살이가 쉽지 않음을 보여주고 있다. 세찬 바람과 험한 물결에 뱃일을 그만두고 배를 팔아 말을 샀지만 그것도 쉽지 않았다. 말을 사서 다니다 보니 꾸불꾸불한 산길이 풍파에 못지않았기 때문이다. 그래서 종장에서는 다 그만두고 농사를 짓겠다고 한다.

풍파와 구절양장은 모두 세상살이의 어려움을 뜻한다. 지은

이의 신분과 시대적 상황을 고려하면, 풍파나 구절양장은 모두 벼슬살이를 하면서 겪는 어려움이라는 것을 알 수 있다. 그런데 지은이는 풍파에 놀라 배를 팔고 말을 샀다고 한다. 풍파나 구절양장이 모두 벼슬살이를 하면서 겪는 어려움이라는 점을 고려하면 '배'와 '말'은 성격이 다른 상황이나 위치로의 전환을 뜻한다.

예를 들면 문관에서 무관으로 나가거나, 중앙 관직에 있다가 지방 관직으로 나가는 것일 수 있다. 지은이는 실제로 지방관으로 자주 나갔으며, 문신이지만 무관직을 수행하기도 하였다. 이 과정에서 지은이는 여러 벼슬을 하였으며 온갖 어려움을 겪었다. 그래서 지은이는 벼슬살이를 관두고 농사를 짓겠다고 한 것이다.

이 시조는 지은이가 벼슬살이를 하면서 겪은 어려움을 바탕으로 하였다. 그러므로 이 시조의 주제는 세상살이의 어려움, 벼슬살이의 어려움이라 할 수 있다.

미국의 처세술 전문가 데일 카네기(Dale Carnegie, 1888 ~ 1955)가 1936년에 출간한 '친구를 얻고 사람을 움직이는 방법(How to Win Friends and Influence People)'은 카네기가 사망한 1955년까지 31개 언어로 번역돼 5백만 권 이상 판매되었으며, 오늘날까지 전 세계적으로 1,500만권 이상 판매된 책이다.

'처세술 혁명'이라고 해도 좋을 정도로 오늘날까지도 지속되고 있는 카네기의 영향력은 책뿐만 아니라 카네기가 프랜차이즈 시스템으로 조직한 카네기 훈련 프로그램에서 비롯된다. 자기 계발, 세일즈 방법, 기업 훈련, 연설, 대인관계 등을 다루는 이 프로그램의 수강생은 오늘날 전 세계 80여 개 국에 걸쳐 8백만 명이 넘는다. 어떻게 이런 일이 가능했을까?

1888년 미주리 농민의 아들로 태어난 카네기는 주립 사범대학에 진학했지만, 기숙사 비를 댈 돈이 없어 매일 6마일 거리를 말을 타고 등교했다. 그는 풋볼 팀에 들어가고 싶었지만 체격 조건이 안 돼 토론 동아리에 가입했다. 토론을 잘 해서 가입한 게 아니었다. 그는 말을 너무도 못해 학우들에게 인기가 없었다. 그는 다른 학생들보다 열등하다는 생각에 젖어 있었으며, 심지어 스스로 목숨을 끊을 마음마저 품었었다.

그렇지만 그에겐 한 가지 큰 장점이 있었으니, 그건 불굴의 투지였다. 그는 말을 잘하기 위해서 색인 카드에 농담을 적어 가지고 다닐 정도로 열성을 보였다. 그는 훗날 '나도 그들만큼이나 번듯하다는 것을 보여주고 싶었다.'고 했는데, 그 방법이 바로 대중연설이었다. 토론 동아리에 들어가 피땀 어린 노력을 기울인 결과, 그는 졸업할 무렵 학교에서 알아주는 논객이 되어 있었다.

카네기는 농부들에게 일종의 방송통신대 강좌와 교재 등을 파는 세일즈맨으로 사회에 첫발을 내디뎠지만, 실패의 연속이었다. 여전히 자신의 화술이 부족하다고 느낀 카네기는 다시 웅변을 배우기 위해 보스턴으로 갔다. '연극배우가 되는 편이 더 나을 것 같다.'는 웅변 강사의 말을 듣고, 그는 뉴욕으로 가 연극학교를 거쳐 지방순회극단의 연극배우가 되었다. 부업으로 트럭을 파는 세일즈맨으로 뛰기도 했지만, 다 재미를 보지 못하고 실패하고 말았다.

어느 날 카네기는 뉴욕 YMCA에서 비즈니스맨을 상대로 대중연설 강좌를 수강했는데, 이게 그의 인생을 송두리째 바꿔놓는 결정적 계기가 되었다. 실패한 세일즈맨임에도 불구하고 그의 화술이 워낙 뛰어났기 때문이다. 카네기는 곧 강사로 채용돼 전국 순회강연을 다녔는데, 이 강연이 점차 인기를 끌면서 드디어 그의 인생에 서광이 비치기 시작했다.

카네기의 원래 이름은 Dale Carnagey였다. 1919년에 사망한 철강왕 앤드류 카네기(Andrew Carnegie, 1835-1919)가 사후 그간의 자선사업으로 큰 존경을 누리게 되자, 그는 1922년 자신의 성을 Carnegie로 바꾸었다. 이를 '카네기 마케팅'의 최대 성공 사례 중의 하나로 보는 시각도 있다.

카네기가 1930년대 초부터 개설한 '친구를 만들고 사람을 움직이는 방법'이라는 강좌의 수강생이던 '사이먼 앤 슈스터 (Simon & Schuster)' 출판사의 편집자인 레온 쉼킨은 어느 날 카네기에게 그 과정을 책으로 내자고 제안했다. 그렇게 해서 1934년 카네기 강좌 14주를 녹취해 출간한 책이 바로 '친구를 얻고 사람을 움직이는 방법'이다.

당시 미국사회는 대공황과 대량 실업사태에 지칠 대로 시쳐 성공에 대한 갈망이 꿈틀거리고 있었다. 성공을 위한 '인상 관리(impression management)'의 중요성과 그에 따른 '사회적 가면'의 필요성이 인식되기 시작하던 때였다.

카네기가 사람들 앞에서 말하기의 중요성을 강조한 것도 시대상황과 맞아 떨어졌다. 이른 바 '전화(電話)의 시대'가 도래했기 때문이다. 미국의 전화는 1900년 150만대에 불과했지만, 1932년엔 1,750만대로 늘었다. '전화의 시대' 이전은 주로 글로 소통을 하는 문어의 시대였지만, 전화는 구어의 시대를 활짝 열어 젖혔다. 카네기의 책도 평이한 문체에 광고 카피와 같은 느낌을 주는 구어에 충실했다.

카네기의 처세술은 오늘날에도 수많은 사람들을 감동시키면서 여러 분야에서 활용되고 있다. 심지어 미디어 인터뷰를 공부하는 언론 학도들에게도 좋은 지침이 된다. 자기 계발, 세일즈 방법, 기업 훈련, 연설, 대인관계 등을 다루는 데일 카네기의 프로그램은 1912년 처음 개발된 이후 100년이 넘은 지금까지 큰 인기를 누리고 있는 것이다.

"상대방이 대답하기 좋아하는 질문을 하라. 그들이 스스로 이룩한 성취에 대하여 말하도록 하라. 상대방은 당신이나 당신의 문제보다는 자신의 희망이나 문제에 100배나 관심이 많다는 사실을 명심하라. 사람은 본래 100만 명을 희생시킨 중국의 기근보다 자신의 치통이 더 중요하다고 여긴다. 아프리카에서 발생하는 지진보다 자기 눈앞의 이익이 훨씬 더 숭요하다. 다음에 당신이 대화를 시작할 때는 이 점을 꼭 명심하라."

이 말은 그가 남긴 말들 중에 가장 마음에 와 닿는 말 가운데 하나이다.